Hackerbrause

kurz & geek

Hackerbrause

kurz & geek

Kathrin Ganz, Jens Ohlig &
Sebastian Vollnhals

O'REILLY®

Beijing · Cambridge · Farnham · Köln · Sebastopol · Tokyo

Kommentare und Fragen können Sie gerne an uns richten:
O'Reilly Verlag
Balthasarstr. 81
50670 Köln
Tel.: 0221/9731600
Fax: 0221/9731608
E-Mail: kommentar@oreilly.de

1. Auflage 2011

Bibliografische Information Der Deutschen Nationalbibliothek
Die Deutsche Nationalbibliothek verzeichnet diese Publikation in der Deutschen Nationalbibliografie; detaillierte bibliografische Daten sind im Internet über *http://dnb.d-nb.de* abrufbar.

Lektorat: Volker Bombien
Korrektorat: Dr. Dorothée Leidig
Satz: III-satz, Husby, www.drei-satz.de
Umschlaggestaltung: Michael Oreal, Köln
Produktion: Karin Driesen, Köln
Druck: fgb freiburger graphische betriebe; www.fgb.de

ISBN 978-3-86899-141-3

Dieses Buch ist auf 100% chlorfrei gebleichtem Papier gedruckt.

Inhalt

Grußwort von Bre Pettis

Als ich 2005 bei den HackerBot Labs in Seattle zu hacken anfing, war *Mountain Dew* unser bevorzugtes Getränk — süß, grün und mit viel Koffein. Mountain Dew wurde in rauen Mengen bei HackerBot Labs konsumiert, besonders wenn wir bis spät in die Nacht an gemeinsamen Projekten werkelten, etwa unserer Zeichenmaschine oder unserer Hovercraft-Luftflotte. Es erfüllt einen mit einer gewissen Befriedigung, wenn man an etwas bastelt und feststellt, dass man müde ist, aber dann doch noch ein bisschen mehr geschafft bekommt, bevor man erschöpft zusammensinkt.

Club-Mate habe ich dann auf dem Chaos Communication Camp 2007 entdeckt. Beim ersten Schluck war der spontane Eindruck »Hmm, das schmeckt nach Heu«, nur um sofort im Anschluss zu denken »Mjam, das ist klasse!« Zurück in den USA brachten wir dann NYCResistor, den Hackerspace in Brooklyn, an den Start und fanden eine Möglichkeit, um Club-Mate palettenweise zu importieren. Club-Mate ist ein ganz besonderes Getränk, das einem Schwung verleiht, wenn man Elektronik debuggt oder in der niemals endend wollenden letzten Stunde beim Programmieren, bis das vermaledeite Ding endlich läuft. Anders als Kaffee macht es nicht so hibbelig, aber mehr als fünf Flaschen in einer Stunde sollte man trotzdem nicht trinken. Meine Nerven waren noch tagelang matschig, nachdem ich das einmal versucht habe. Kann man an einer Koffeinüberdosis sterben? Ich hoffe, wir finden das niemals heraus!

Mit der neusten Welle an Hackerspaces passiert etwas besonderes in der Welt. Schlaue Leute, die bisher abgeschieden von der Außenwelt im dunklen Kämmerlein vor dem Bildschirm gehockt haben, finden immer mehr zueinander und arbeiten gemeinsam an wunderbaren Dingen. Es gibt Hacker und Hackerinnen in ganz verschiedenen Ausformungen, aber wenn es etwas gibt, dass uns alle vereint, ist das unsere Liebe zum Koffein, um noch ein bisschen mehr Fortschritt zu erreichen und unsere Projekte geregelt zu bekommen.

Bre Pettis
New York im November 2011

Einleitung

Geeks lieben Erfrischungsgetränke mit Koffein. Bei Konferenzen und Kongressen, bei Zusammenkünften im Hackerspace oder allein am Rechner steht die Brause bei vielen stets griffbereit, um die Nacht zum Tag zu machen, den Code zu kompilieren oder das Internetprojekt zum Abschluss zu bringen. Der Kult um die heißgeliebte Brause gehört fest zur Geek-Kultur. Wir nennen diese Limonaden und sonstige Wachmacher in Getränkeform deshalb *Hackerbrausen*.

Im Sommer 2009 beschlossen wir, ein Blog zum Thema Hackerbrause zu eröffnen, ursprünglich unter hackerbrause.de, mittlerweile unter *hacker.brau.se*. Seit längerem war es uns ein Anliegen, koffeinhaltige Erfrischungs- und Genussgetränke ein wenig näher zu beleuchten und Wissen aus diesem bisher von der Forschung sträflich vernachlässigten Gebiet zusammenzutragen. Ursprünglich waren Sebastian *yetzt* Vollnhals und Jens *johl* Ohlig dabei; recht schnell kam Kathrin *ihdl* Ganz dazu. Wir sammelten zusammen mit anderen Menschen, die zu unserem Blog beitrugen, Rezensionen zu immer obskurer werdenden Brausen und berichteten von brausepolitischen Nachrichten, etwa wenn bei einem Gesprächskreis des Innenministers Club-Mate getrunken wurde (*http://brau.se/26*). Damit dürfte *hacker.brau.se* einen sicheren Platz als erstes, einziges und demnach auch führendes Spezialblog für den Konsum von Getränken unter Geeks einnehmen.

Zwei Jahre später ist die Zeit reif für ein Buch über Hackerbrause. Wir beginnen mit einem Blick zurück: Wie die prototypische Hackerbrause Club-Mate in die Hackerkultur kam, ist eine Geschichte, die bisher höchstens als oral history weitergetragen wurde. In Kapitel 1 haben wir mit einem Protagonisten der Club-Mate-Historie gesprochen und berichten darüber, wie die Mate amerikanische Hacker erreichte. Neben ein paar Gedanken zur deutschen Hackerbrausen-Hauptstadt Hamburg haben wir auch ein paar etwas ungewöhnlichere Vertreter des Hackerbrausegenres rezensiert.

In Kapitel 2 geht es dann um die Gesundheit, Koffein und Pflanzen. Es folgt ein Kapitel zu dem Getränk, was viele sofort mit Hackerbrausen verbinden: *Mate*, auch als Ilex paraguariensis bekannt. In Lateinamerika wird Mate auf ganz besondere Art getrunken, davon berichten wir in Kapitel 3. Aber auch die Mate-Limonaden aus Münchsteinach (Club-Mate) und Hamburg (1337mate) bekommen den gebührenden Raum, ebenso wie einige Rezensionen.

In Kapitel 4 dreht sich alles um die Brause, die wir trinken, wenn gerade keine Mate da ist: *Cola*. Eine Geschichte voller Lebensmittelchemie und Politik steckt in dem braunen Gold, ob in Coca-Cola, Afri-Cola, in der alternativ vermarkteten Premium-Cola, in Jolt oder volkseigener Cola aus der DDR. Ein paar besondere Sorten, die es sonst noch gibt, haben wir auch rezensiert.

Kapitel 5 behandelt *Energydrinks*, die wir eigentlich nicht besonders begeistert besprechen, da sie oft zu ähnlich und nach Gummibärchensaft schmecken. Zum Thema Hackerbrause gehören sie trotzdem dazu, und über rote Wasserbüffel und ihre Reise um die Welt gibt es Hintergrundinformationen.

Im Kapitel 6 ist alles zum Selbermachen: Es geht um *DIY*, Kochen, Backen und Cocktails mixen mit Hackerbrausen. Daneben stellen wir den rekursiven Hack zur Hackerbrause vor – wie man Mate und Cola selbst braut.

Danksagungen

Wir möchten all den freundlichen Menschen bei O'Reilly unseren Dank aussprechen, die an der Entwicklung und Produktion dieses Buches beteiligt waren. Insbesondere Volker Bombien hat den Text von Anfang an betreut und im Lektorat auf Hochglanz poliert.

Dieses Buch trägt drei Namen von einer Autorin und zwei Autoren auf dem Titel, aber ähnlich wie bei anderen Texten, die im Internet geboren werden, wie der Linux-Kernel oder Wikipedia, gibt es viel mehr Namen, die genannt werden müssen. Ohne den Beitrag von vielen anderen Menschen wäre dieses Buch nicht entstanden.

Wir danken besonders unseren Interviewpartnern Freke Over, Claudius Holler, Uwe Lübbermann, Frithjof Bohn und Nick Farr dafür, dass sie sich für uns Zeit nahmen und wir ihre Geschichten erzählen durften. Wichtige Beiträge, für die wir uns bedanken, kamen auch von Bre Pettis aus New York und Neingeist aus Karlsruhe.

Wir danken Kristi* für den wahrscheinlich besten Text zum Thema »richtig Mate trinken«. Wir sind Svenja *sv* Schröder und Lars *Pylon* Weiler unendlich dankbar für die tollen Beiträge, die sie im Hackerbrauseblog beisteuern und dafür, dass sie gute Freund_innen sind.

Wir danken allen Leuten, die uns mit Hackerbrause versorgen und die uns Brausen mitgebracht oder geschickt haben.

Last, but not least: Den Beitrag von Tim Pritlove zu diesem Buch kann man vermutlich nicht unterschätzen. Er hat schon in den 1990er Jahren viele Hackerinnen und Hacker mit Club-Mate angefixt und er half uns bei der Suche nach den Ursprüngen ebenso sehr wie er uns Gelegenheit gab, in dem Podcast CRE 175 »Hackerbrausen. Über die koffeinhaltige Ernährungskultur der Hackerszene« (*http://chaosradio.ccc.de/cre175.html*) von unserem Projekt zu berichten.

Kathrin Ganz, Jens Ohlig &
Sebastian Vollnhals

KAPITEL 1

Geschichte der Hackerbrausekultur

Hackerbrausen sind keine Limonaden mit Sicherheitslücken. Hackerbrausen sind Getränke, die den Spaß am Gerät fördern, verlängern und die soziale Interaktion erleichtern. Ein gemeinsames Merkmal ist der Inhalt von Substanzen, die störende Müdigkeit verringern und das Gehirn mit Treibstoff versorgen. Hackerbrausen können althergebracht und bewährt oder neu und innovativ sein. Hackerbrausen können lecker sein, müssen sie aber nicht. Hackerbrausen lassen sich selbst kreativ umverwenden. Hackerbrausen sind Proviant für Datenreisende.

Wie die Mate nach Berlin kam

Der Prototyp einer Hackerbrause heißt Club-Mate (Kapitel 3, *Mate*). Freke Over, langjähriges unspektakuläres Mitglied des Chaos-Computer-Clubs (CCC), Hausbesetzer aus der berüchtigten Mainzer Straße in Berlin-Friedrichshain, Getränkehändler, Gemüseschlachterfinder, selbständiger Schwarzarbeiter, sogar einst Mitglied des Berliner Abgeordnetenhauses (PDS/Die Linke) und heute Ferienlandwirt ist maßgeblich schuld am Erfolg von Club-Mate. Für uns hat er sich an die Anfänge erinnert.

Wie bist du denn zur Club-Mate gekommen?

Zusammen mit Freunden hatte ich einen kleinen Getränkehandel/Getränkelieferservice namens KGB, das stand für Kohlen, Gips, Bier. Gips gibt's nicht. Wir haben uns 1994 als GmbH selbständig gemacht, nachdem wir zuvor etliche Jahre lang als Schwarzhandel oder als selbständige Subs die Szene beliefert hatten. Das war so: Wir hatten schon 1990 in der damals besetzten Mainzer Straße einen Spätkauf (so heißen Kioske in Berlin) und haben dann später, 1992, einen Spätkauf in der Liebigstraße aufgemacht. Wir bekamen zu der Zeit mit, dass die anderen Hausbesetzerkneipen sich mit Getränken zu völlig überteuerten Preisen beliefern ließen. Deshalb haben wir angefangen, von einem Großhändler auf dem Schlachthofgelände mit einem Eselskarren Getränke in den Kiez auszufahren. Der Weg zu den Besetzerkneipen ging ja zum Glück immer den Berg runter, andersrum wäre das nicht gegangen.

Später haben wir uns dann mit Andreas zusammengetan, der einen Robur-Laster hatte. Der Laster stammte von der NVA und war einer der ersten, die Anfang der 1960er gebaut wurden. Damit haben wir dann zwei Jahre lang als Einkaufsgemeinschaft an die Kneipen ausgeliefert.

Wir haben 1994 beschlossen, uns damit selbständig zu machen, und eine GmbH gegründet. Kurz darauf haben wir gehört, dass es in

Hamburg auch einen KGB gibt. Das hieß dort Kollektive Getränke Basis und die machten als Kollektiv das, was wir eben auch machten. Wilhelm und Andreas, die anderen beiden vom KGB, haben die dann mal besucht, und die hatten Club-Mate im Sortiment. Im Hamburg gab es Club-Mate also, bevor es sie in Berlin gab. Aber auch nicht lange, denn ein halbes Jahr später haben wir angefangen, Club-Mate nach Berlin zu bringen.

Dazu mussten wir zu Loscher fahren, einem Getränkeabfüller in Münchsteinach in Oberfranken. Er hatte ein paar Jahre vorher eine Brauerei zugekauft und dabei auch die Club-Mate-Produktion mit eingekauft. Ihm hat das Zeug gar nicht gepasst, aber die Leute dort wollten ihre Brause weiter haben und haben ihn quasi genötigt, das weiter zu produzieren.

Als wir mit unserem Club-Mate-Handel angefangen haben, sind wir immer mit unserem Robur-Laster nach Oberfranken gefahren. Das waren am Anfang schwierige Verhandlungen, weil uns Loscher lieber Bier verkaufen wollte als Club-Mate, so dass wir die ersten paar Jahre nur Club-Mate kaufen konnten, wenn wir auch ein paar Kästen von seinem Bier nahmen. Das Bier ist aber überhaupt nicht gelaufen in Berlin, das hat sich totgestanden und die Belegschaft musste das am Ende selbst trinken.

Oft haben wir ihm dann auch das Lager leergekauft, wir haben mitgenommen, was wir kriegen konnten – pro Fuhre ein paar Paletten. Als die Nachfrage weiter stieg, wurde uns die Fahrerei zuviel.

Daraufhin haben wir die Club-Mate von einem Großhändler aus dem Schlachthof mittransportieren lassen. Der hieß ALNO, das stand mal für Alfred und Norbert, Alfred ist noch dabei, Norbert nicht. Der fand das damals cool mit dem Eselskarren und dem Robur und hat uns freiwillig gute Preise gemacht. Mit seinem Vierzigtonner musste er sowieso beim Loscher vorbei, da der an der Strecke zu der Brauerei lag, wo er sein Bier einkaufte, und konnte uns immer 10 Paletten Mate mit zuladen.

Wir haben uns von Anfang an darum bemüht, Loscher dazu zu bringen, dass er uns eine Gebietsvertretung gibt, dazu war er aber nie bereit. In den 2000er Jahren, als wir Mate in Berlin flächendeckend eingeführt hatten und die Firma davon lebte, haben die anderen, die großen Getränkehändler auch Club-Mate ins Programm genommen, und durch den Preiskampf war das Geschäft dann für uns nicht mehr interessant. Wir haben es irgendwann gelassen mit der Club-Mate im Großhandelsbereich.

Unser Verhältnis zu Loscher war nie besonders innig. Er war auch nicht besonders erfreut, als wir den Transport an den anderen Großhändler übergeben haben. Wenn der dort auf den Hof gefahren kam, den Laster halb voll mit fremdem Bier, um nur Club-Mate zuzuladen, war Loscher wohl oft kurz davor, ihn mit dem Gabelstapler plattzumachen oder sowas. Deshalb meine ich auch, ist der Loscher wider Willen zum Millionär geworden, weil, wenn er das jetzt noch nicht ist, dann hat er viel falsch gemacht. Ist einfach viel zu gut gelaufen, die Sache.

Gab es in den 90ern Mate-Krisen?

Ja, Versorgungslücken gab es häufiger. Loscher hat manchmal einfach keinen Nachschub organisiert damals, weil es ihm vielleicht auch gar nicht so wichtig war. Es kam vor, dass der Laster da unten wieder vom Hof gefahren ist und nur die letzten verfügbaren 20 Kisten eingepackt hatte und nicht die 10 Paletten, die wir gerne haben wollten. Das hat natürlich zum Hype von Mate erheblich beigetragen. Eigentlich war das eine super Marketing-Maßnahme, weil es dann Mate manchmal wochenlang im Sommer in Berlin nur noch unter der Hand gab, sozusagen nur noch im Freundeskreis. »Ich kenn' die, ich geh' jetzt mal 'nen Kasten holen, vielleicht krieg' ich noch einen.« Dann wurden die Bestellungen gekürzt, weil ja klar war, dass es noch ein paar Wochen dauert, bis das nächste Mal Mate in der Hauptstadt auftaucht. Mate gab es dann eben nur noch bei uns im Lager und nicht mehr in den Clubs. Vorratshaltung war immer eine Transportfrage. Es war irgendwann der Punkt erreicht, wo wir das Zeug schneller verkauft haben, als wir es ranholen konnten.

Was mir als Anekdote zu Loscher einfällt, ist die Geschichte mit seiner Werbung. Loscher wollte seine Werbemittel immer an uns als Großhändler verkaufen. Es gab da so unmögliche Dinge: Plastikrucksäcke, Wasserbälle, allen möglichen Scheiß, wo er Club-Mate

Foto mit freundlicher Genehmigung von Stefan Strigler

draufgedruckt hatte, und das wahlweise für 3 bis 10 Mark verkaufen wollte. Wir haben gesagt: »Nee, das kaufen wir dir nicht ab.« Das Einzige, was er kostenlos gemacht hatte, war ein Aufkleber, auf dem stand: *Club-Mate – man gewöhnt sich dran.* Da dachte ich nur: »Das ist genau Loschers Gefühl: Er hat sich daran gewöhnt, dass ihm das die Taschen voll Geld spült. Er hat da ja inzwischen gigantische Umsätze, aber die Leute kaufen nur seine blöde Club-Mate und nicht sein tolles Bier.«

Es gab vor einiger Zeit ein Skandälchen, dass irgendwelche Leute ein Plakat gedruckt haben mit dem Club-Mate-Logo, auf dem der Mensch in dem Logo einen Molotow-Cocktail in der Hand hält.

Kannst du als alter Hausbesetzer dich daran erinnern, dass es auf irgendwelchen Straßenschlachten Mollis aus Club-Mate-Flaschen gab?

Daran kann ich mich nicht erinnern. Nach 1994, als es Club-Mate in Berlin gab, gab es ja auch eigentlich keine Straßenschlachten mit Mollis mehr. Ich nehme daher an, dass das nicht dazu gekommen ist, bisher.

Kannst du dich erinnern, womit sich die Hausbesetzer wachgehalten haben, als es noch keine Club-Mate gab?

Matekalypse? Was ist das?

Alarmierende Gerüchte machten im Sommer 2011 im Internet die Runde: Unter den Twitter-Hashtags *#cmc2011* und *#matekalypse* wurde von bedrohlichen Lieferengpässen bei Getränkehändlern berichtet, sogar eine Selbsthilfegruppe auf Facebook (*https://www.facebook.com/event.php?eid=146435588766215*) wurde gegründet:

»Wie vielleicht schon einige gehört haben, kann Club-Mate aufgrund fehlender Pfandflaschen nicht mehr die gewünschte und benötigte ;) Menge produzieren. Und vielleicht kennt es auch jeder, man nimmt eine Flasche mit und dann steht sie irgendwo rum.

Damit wir alle unserer Leidenschaft weiter frönen können, müssen wir schleunigst all unsere leeren Flaschen und Kästen abgeben.

Sammelt also fleißig und ab in den nächstmöglichen Getränke- und/ oder Supermarkt, der Club-Mate im Angebot hat. So kann es nicht weiter gehen ;)

Wir brauchen euch! Weitersagen!!!«

Der Grund für die Mateknappheit (zumindest bei Club-Mate) liegt laut Loscher einerseits darin, dass die Nachfrage stark gestiegen sei (»Wir können uns das selbst nicht erklären«, so Markus Loscher) und andererseits einige Händler trotz Hinweisen vor einigen Wochen ihre Bestellungen schlecht koordiniert haben, so dass ganze Regionen auf dem Trockenen liegen. Aber auch an der vielfach vermuteten Verknappung von Pfandflaschen scheint etwas dran zu sein.

Cola, vor allem Ost-Cola, Club-Cola und so. Coca-Cola war ja verpönt und Afri-Cola war schwer zu kriegen in Berlin, zumindest 1990. Die waren ja fast vom Markt runter.

Wie kam die Mate denn in die Hackerkultur?

Wir haben natürlich die Club-Mate auch zu den Hackern gebracht, zum CCC und auf die CCC-Kongresse. Das lief über persönliche Kontakte zu den Hackern. Ich bin ja selbst CCC-Mitglied, soweit man Mitglied ist, seit Ende der 1980er oder so, kann aber selber den Computer nicht bedienen.

Unter den Hackern waren auch die ersten Abhängigen, die regelmäßig einmal die Woche zu uns in den Laden kamen, zwei Kisten Club-Mate holten und ins Auto packten. Die haben das bei uns kennengelernt und auch selber getrunken. So landete das im Berliner Club, dann haben die Hamburger sich das vom Hamburger KGB auch geholt in ihren Club. Daraufhin gab es Mate auch auf dem Kongress. Das war auch das erste Mal, dass wir wirklich an einen Event palettenweise geliefert haben.

Das lief damals über Tim Pritlove, Hans Hübner, Steffen Wernéry. Das waren jetzt nicht die Abhängigen, sondern unsere persönlichen Kontakte. Darüber, dass sie sozusagen in der Organisationsstruktur des CCC eine erhebliche Rolle spielten, hat sich ein Automatismus ergeben. Wie gesagt: Viele Hacker sind ja auf das Zeug abgefahren. Zwar nicht Steffen Wernéry, aber Andy Müller-Maguhn zum Beispiel hat Club-Mate gesoffen.

Tim Pritlove war der erste, der T-Shirts hergestellt hat. Das Flaschendesign hat sich ja nicht verändert. Die Flasche sah 1994 schon so aus. Auf den T-Shirts stand allerdings nicht Club-Mate drauf, sondern es war nur das Logo. Also ich habe noch eins da, wenn du es mal sehen willst.

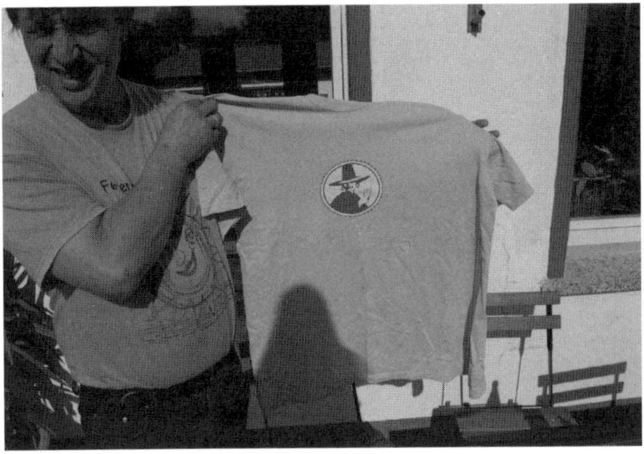

Freke Over mit Tim Pritloves T-Shirt

Ich hab's, glaub' ich, für 10 Mark damals gekauft. Das war jedenfalls die erste Fan-Maßnahme, bei der es nicht darum ging, das zu promoten, sondern um bei den Hackern das Fan-Sein zu zeigen.

Tim Pritlove hat mir erzählt, dass es Mate immer von Mate-Ralf gab. Wer ist das eigentlich?

Mate-Ralf hat die Versorgung der Clubs übernommen. Der war sozusagen ein Sub des KGB. Der hat bei uns immer seine Getränke geholt, und wir haben ihm auch manche Kunden zugeschoben, wenn die für uns blöd lagen. Er hat dann angefangen, seinen eigenen Stamm, vor allen Dingen aus Mitte heraus, aufzubauen. Er hatte ja auch selbst einen Club in Mitte.

Mate-Ralf ist selbst Mate holen gefahren, der hatte einen größeren Laster als wir, so einen 7,5-Tonner. Da passten dann, glaube ich, 6 oder 8 Paletten rein, nicht nur 5 wie auf unseren Robur, und die musste man auch nicht von Hand abladen.

Club Mate war ja auch in der Technoszene populär? Hattet ihr da auch eure Finger im Spiel?

Wir hatten als Kundschaft die Besetzerkneipen in Berlin fast komplett und dann diese ganzen Legal-Illegal-Scheißegal-Technoclubs. In diesen Clubs konnte meistens vor abends 20 Uhr niemand Getränke annehmen, weil keiner da oder wach war. Darauf hatten sich damals die Getränkehändler noch nicht eingestellt. Wenn damals, Anfang der 1990er, so ein Großhändler vor so einem abrissreifen Hinterhof vorgefahren ist und über drei Kellerstiegen irgendwie die Getränke da reinliefern sollte, das ging nicht. Für den war völlig unklar, wer unterschreibt, wer rechnet ab, was für ein Laden ist das überhaupt? Naja, wir haben das dann, am Anfang als Einkaufsgemeinschaft, über den Barverkauf geregelt. Der KGB war über ein paar Jahre der Einzige, der den Spät- und Nachtservice geboten hat. Da haben wir den Clubs dann auch die Club-Mate aufs Auge gedrückt und das fing dort an zu laufen. Die haben sich dann teilweise für ihr Bier billigere Connections besorgt, aber die Club-Mate weiter bei uns gekauft.

Ich weiß noch, dass wir der *C-Base* zur Eröffnung einen Kasten wirklich aufs Auge gedrückt haben, indem wir gesagt haben: »Den lassen wir jetzt hier stehen. Ist uns egal, dass ihr das nicht bestellt habt, diese zwei Kästen, ihr könnt die nächste Woche voll zurückgeben, aber nur, wenn ihr sie hier stehen lasst, damit die Leute das sehen.« Die Kisten kamen natürlich nach einer Woche leer zurück und eine entsprechende Bestellung für Nachschlag. Aber es war tatsächlich so, dass wir denen das quasi aufzwingen mussten, bevor es zum Selbstläufer wurde. Keine Party ohne Mate. Wir waren sozusagen als Koffeindealer erfolgreicher als als Alkoholdealer.

Die Mate passte vom Marketing her einfach super zu der Szene, sowwohl zur Hackerszene als auch zur Technoszene – bis sich das Ganze da so verselbständigt hat, dass es jetzt auch in jedem Friedrichshainer oder Prenzlberger Spätkauf zu kriegen ist.

Wie hat sich den die Club-Mate in der Welt ausgebreitet?

Wir haben angefangen, Mate über unsere Freunde aus anderen Städten in die Republik zu bringen. Wer von denen in Berlin war, nahm sich ein, zwei Kisten mit. Wir hatten zum Beispiel Freunde aus Wien, denen haben wir abends in Lichtenberg auf dem Bahnsteig das Abteil mit Mate vollgepackt und sie haben sich morgens in Wien auf dem Bahnhof haben abholen lassen. Die brachten am Anfang im Gegenzug Red Bull mit.

Das war 'ne sehr lustige Connection, und vor allem ging dieser Zug durch Tschechien, eigentlich ist das jedes Mal ein Zoll-Fall. Das ist aber nie ein Thema gewesen, das haben die nicht begriffen, dass da ab und zu mal Leute in der einen Richtung mit Red Bull und in der anderen Richtung mit Club-Mate unterwegs waren.

Die Club-Mate ist also von Münchsteinach über Berlin nach Wien gefahren?

Genau, und so ist sie auch nach Köln gekommen, und so ist sie auch nach Bielefeld gekommen. Da hatte das natürlich auch wieder mit der Hackerconnection zu tun, weil da einige von den CCC-Leuten sitzen, Padeluun und so. So hat sich das im Westen der Republik verbreitet, während es im Osten eher über die Besetzerszene lief. Viele, die in den besetzten Häusern wohnten, kamen aus der ehemaligen DDR, und dann nahm das da seinen Rückweg. Gera wurde erst von Berlin versorgt, nachher haben wir die Mate da abgeladen auf dem Weg nach Berlin. Dort lief es erst über die Cafés und Kneipen der besetzten oder ehemals besetzten Häuser. Darüber verbreitete sich das dann.

Man trank Club-Cola, man trank auch Red Bull, um sich wachzuhalten. Das haben wir ab 1990 verkauft, eigentlich gleich von Anfang an. Damals war das noch ganz unproblematisch. Keiner hatte auf dem Schirm, dass Red Bull verboten war – wegen dem Taurin, das in Deutschland für Getränke nicht zugelassen war. Es ist erst 1995 zugelassen worden (siehe Kapitel 5 »Der Mythos vom roten Stier«).

Wir konnten es trotzdem auf der Theke verkaufen, das war kein Problem. Wir waren der einzige Händler in Berlin Anfang der 1990er, bei denen man Red Bull kaufen konnte. Erst in unserem Spätkauf und dann, zum Schluss, auch über den Getränkehandel. Red Bull ist also auch eine Hackerbrause, die wir eingeführt haben, schon vor der Mate. Red Bull war ab 1990 verfügbar, und schon bevor wir Getränkehändler waren, haben wir es weitergeschoben an die Hacker.

Hast du als politisch aktiver Getränkehändler Club-Mate auch in die Politik gebracht?

So lange war ich ja gar nicht Getränkehändler, so real eigentlich nur von 1992 bis 1995. Danach bin ich in die Politik, als Jungunternehmer. Die Linke hat ja auch einen Unternehmerverband. Der ist aber ziemlich hausbacken ostig.

Ich fand's köstlich, dass der Piratenwahlkampf zur Abgeordnetenhauswahl 2011 als Club-Mate-Wahlkampf verkauft wurde. Das hat dem Loscher bestimmt nicht gefallen. Dabei hab ich die Mate schon in den Wahlkampf 1999 oder 2001 gebracht. Damal haben wir Aufkleber gemacht, als Sammelbildchen mit dummen Sprüchen zum Abgeordneten Over – also zu mir. Damit haben wir die Flaschen überklebt und haben die Kisten mit vier oder fünf beklebten Flaschen verkauft. Das war eine geniale Werbemaßnahme, viele haben sich auch darüber aufgeregt, wie unverschämt wir sind, und eine Kneipe, das XB-Liebig, hat Mate speziell ohne Wahlwerbung bestellt. Der gesamte Rest hat's vertrieben. Von daher hat es also schon mal einen Club-Mate-Wahlkampf in Friedrichshain gegeben.

Zur Abgeordnetenhauswahl 2011 in Berlin meldete die Berliner Presse und auch die deutsche Presse, dass die Piratenpartei einen ersten Erfolg erzielt hätte und es jetzt Club-Mate im Abgeordnetenhaus gebe. Dabei gab es Club-Mate im Abgeordnetenhaus schon 1995. Weil wir natürlich auch die Belieferung meiner Fraktion übernommen haben, und da ich selber gern Club-Mate getrunken habe, auch Club-Mate bestellt wurde. Die stand dann im Kühlschrank der PDS. Da gab es allerdings nicht so viele Fans, nur ein paar von den jungen Abgeordneten mochten das. Also Benjamin-Immanuel Hoff war Club-Mate-Trinker zur damaligen Zeit, ich weiß nicht, ob man das als Gesundheitsstaatssekretär auch noch darf. Der Kühlschrank-Verkauf lief ja über die Kasse des Vertrauens und das war auch einer der ersten Annäherungspunkte mit den Grünen, weil manche von denen immer vorbei kommen mussten, um sich eine Flasche zu holen, da es bei ihnen keine Club-Mate gab. Von daher ist diese Meldung, dass die Piraten das eingeführt hätten, nicht wirklich richtig. Es gibt jetzt auch in der Kantine Club-Mate in kleinen 0,3er-Flaschen zu überteuerten Preisen, das haben die Piraten erreicht.

Hast du als Getränkehändler noch mehr Interessantes erlebt?

Na, wir haben auch die Verbreitung von Bionade in Berlin massiv vorangetrieben. Der Hersteller hatte seine erste Abfüllung gemacht, nur Holunder hatte er am Anfang, und fuhr die aus mit einem kleinen, völlig schrottigen Ford, in den zwanzig Kisten passten. Ich weiß noch, dass der das erste Mal bei uns war und ich gesagt habe: »Okay, wir stellen uns mal zehn Kisten hin und probieren mal, ob das jemand trinkt.« Er versuchte, uns auch die anderen zehn Kisten aufzuschwatzen, die er noch im Auto hatte. Die haben wir dann auch genommen.

Das hat ein Weilchen gedauert, bis Bionade angelaufen ist. Der Hersteller hat dann sehr erfolgreich auch die Bioläden- und Kneipenakquise gemacht. Ich denke, dass er es den Leuten erst wirklich aufgeschwatzt hatte, so wie auch uns. Dann ist es zum derartigen Selbstläufer geworden, noch viel mehr als Club-Mate.

Club-Mate hat sich ja mittlerweile etabliert und ist weiträumig zu haben. Wie stellst du deine eigene Versorgung sicher?

Wie die Mate zuerst nach Hamburg kam

Wie Freke Over verraten hat, gab es Club-Mate zuerst in Hamburg. Dorthin gelangt ist sie, wie Frithjof Bohn vom Kollektiven Getränke Betrieb aus Hamburg verrät, durch die Hamburger Hausbesetzerszene.

Offenbar waren die Nachtwachen in den besetzten Häusern von akutem Einschlafen bedroht, und gegen diesen Zustand brachte einer der Besetzer ein Hausmittel aus dem heimischen Oberfranken: Club-Mate. Aus der Hafenstraße in den Handel ging es dann über die Hamburger Version des KGB, wo sie schließlich vom Berliner KGB entdeckt wurde. Hamburg ist eben nicht nur das Tor zur Welt, sondern auch nach Münchsteinach

Naja, Club-Mate ist ja jetzt bundesweit eingeführt. Ich mache häufiger Veranstaltungen zur Besetzung der Mainzer Straße oder anderen Themen in Jugendzentren in der letzten Pampa, und natürlich gibt es da inzwischen überall Club-Mate. Ob das Sulzbach-Rosenberg ist oder Annaberg-Buchholz in Sachsen, die ist jetzt überall zu haben.

Als ich 2004 hier aufs Land gezogen bin, hab ich natürlich die Club-Mate-Versorgung weiter über Berlin geregelt. Da war ich noch Abgeordneter und bin sowieso gependelt. Ob ich in den VW-Bus 20 Kisten Club-Mate reinstelle oder nicht, ist auch egal. Ich habe dem hiesigen Local Dealer als erstes die Bionade aufs Auge gedrückt. Ein paar Wochen danach, das war 2006, haben die Deutschen Pfadfinder hier ein großes Zeltlager mit 5000 Leuten veranstaltet, und die bestellten palettenweise Bionade. Der Getränkehändler hier konnte zum Glück sagen, dass er natürlich Bionade hat. Er musste dann den Fahrer schnell losschicken nach Berlin, weil die Bionade in anderen Mengen brauchten als er vorrätig hatte. Der Händler war mir ganz dankbar, dass ich ihm diesen Tipp gegeben hatte.

TIPP

Macht mal Urlaub mit Club-Mate-Versorgung bei Freke im Outback: *http://www.ferienland-luhme.de*

Auch seine anderen Kunden kauften das nach und nach. Er wollte natürlich wissen, was er denn noch ins Sortiment aufnehmen soll. Ich habe ihm gesagt, dass er sich Club-Mate ranholen muss. Da der KGB zu dem Zeitpunkt schon aus dem Handel raus war, habe ich ihn an ALNO verwiesen. Erst hat er nur Club-Mate für mich mitbestellt, aber ich hab' ihm gesagt, dass er sich das mal bei sich in den Getränkeladen am Bahnhof stellen und es dem Jugendzentrum in Neuruppin anbieten muss. Er wollte nicht glauben, dass außer mir noch jemand Mate haben will.

Dass das Jugendzentrum die Mate aber bei mir geholt hat, war aber auch keine Lösung auf Dauer und inzwischen läuft die Mate auch hier.

Klar, mit dem Brausekram ist das so eine Sache: Wenn du nicht einen hast, der dir das regelmäßig abkauft, dann hast du nicht die Umschlagsmengen, die es überhaupt interessant machen, das zu haben.

Wie viel Mate habt ihr denn umgeschlagen?

Das fing ganz klein an. Richtig viel ist es erst geworden, als es über den Preiskampf in die Breite ging, und da waren wir ja nicht mehr vorne mit dabei. So bis dahin waren das vielleicht bis zu 18 Paletten im Monat. Das war nicht die Welt.

Wenn mal 5 Kästen mitgeliefert wurden, war das schon viel neben den 2 Paletten Bier. Wie gesagt, als wir das erste Mal zum Kongress zwei Paletten Club-Mate geliefert haben, war das bis dahin schon die größte Lieferung an einen Kunden.

Hackerbrause in den USA

Viele von Mate und anderen Hackerbrausen Begeisterte haben sich kräftig ins Zeug gelegt, um die Versorgung mit ihren geliebten Getränken sicherzustellen. Wenige haben es allerdings so weit getrieben wie Nick Farr, der in den Vereinigten Staaten von Amerika Hackerspaces mit Club-Mate beliefert und damit zu dem ganz kleinen Kreis von transatlantischen Brausebeschaffern gehört.

Für Nick Farr ist es aus zwei Gründen gar nicht so einfach, seinen Enthusiasmus in Bezug auf Hackerbrausen mit seiner Umgebung zu teilen: Erstens sind exotische Getränke wie Club-Mate in den USA weitgehend unbekannt und zweitens ist das Wort für »Brause« ein Begriff im amerikanischen Englisch, bei dem regionale Unterschiede sehr stark zum Tragen kommen. Die korrekte Bezeichnung ist in der amerikanischen Umgangssprache so kontrovers, dass es sogar eine eigene Webseite zur Klärung der Frage gibt – »The Great Pop vs. Soda Controversy« (*http://popvssoda.com/*) versucht endgültig zu entscheiden, ob man kohlesäurehaltige Erfrischungsgetränke als *soda*, *pop* oder – wie in der Region um Atlanta, der Heimat von Coca-Cola – als *coke* bezeichnet.

Nick Farr ist eigentlich Buchhalter und für diverse Unternehmen in Washington DC und Umgebung tätig. Neben der nervenzerreißend aufregenden Arbeit mit Konten und Steuernummern verbringt er einen Gutteil des Jahres auf Veranstaltungen der internationalen Hackerszene. Auf dem 23C3, dem 23. Chaos Communication Congress 2006 in Berlin, kam er das erste Mal mit Club-Mate in Berührung. »Auf eine irgendwie sehr normale Art fühlte ich mich sehr wach. Gar nicht hibbelig und aufgedreht, einfach nur munter. Ich wusste, dass da was dran war.«

Im Jahre 2007 organisierte Nick Farr eine Reise zum Chaos Communication Camp, einem alle vier Jahre stattfindenden Open-Air-Hackercamp bei Berlin. Die mittlerweile legendär gewordene Tour trug den Namen *Hackers On A Plane* (*http://www.hackersonaplane.info/*) und versammelte eine wilde Reisegruppe von Computerenthusiasten aus den USA und Kanada im fernen Europa. Zwei Ideen nahmen die Hacker mit von ihrem Ausflug: Hackerspaces, also Orte, an denen Hacker gemeinsam basteln und tüfteln konnten, musste es nach europäischem Vorbild auch in den USA geben – und gleichzeitig war bei den Mitreisenden der Durst nach Club-Mate geweckt worden.

Auf der Konferenz *Hackers On Planet Earth* (HOPE) in New York im Jahre 2008 gab es zum ersten Mal importierte Club-Mate in den Vereinigten Staaten zu kaufen. Auf abenteuerlichen Wegen hatten die amerikanischen Hacker der Zeitschrift 2600 mit dem fränkischen Bierbrauer Loscher Kontakt aufgenommen und es sogar geschafft, ein hastig entworfenes Label mit den nach amerikanischem Lebensmittelrecht vorgeschriebenen *Nutrition Facts* zusammenzuschustern. 2600 kümmerte sich in der Folgezeit auch weiterhin um den Club-Mate-Nachschub. Mittlerweile ist Nick Farr mit seiner eigenen Auslieferung dazugekommen.

Schnell verbreitete sich Club-Mate in den Hackerspaces und bekam einen gewissen Ruf als »Zaubertrank« europäischer Hackerinnen und Hacker, trotz des vergleichsweise irrsinnig hohen Preises für eine Brause – im New Yorker Hackerspace NYCResistor kostet die Flasche Club-Mate stolze 4 US-Dollar.

Aber auch zu anderen Gelegenheiten wurde Club-Mate als Alternative zu herkömmlichen Tauschmitteln wie Gold, Diamanten oder BitCoin gehandelt. In einem laufenden Verfahren bemüht sich der amerikanische Hacker Andrew »Weev« Auernheimer gerade darum, die immens hohen Kosten für seine Verteidigung aufzubringen. Er hatte eine Sicherheitslücke bei dem Telefonunternehmen AT&T aufgedeckt und war aufgrund der Veröffentlichung von für das Unternehmen peinlichen Daten vom FBI verhaftet worden (*https://freeweev.info*). Neben Spenden finanziert Weev seine Gerichtskosten unter anderem mit dem Verkauf von Club-Mate aus einer New Yorker Lagerhalle. Die Lieferung des flüssigen Goldes hatte ihm ein anonymer Spender aus Übersee zukommen lassen.

Allein bei NYCResistor werden monatlich 100 bis 400 Flaschen Mate umgesetzt. Insgesamt, so Nick Farr, ist Club-Mate aber eher eine Sache der Ostküste als der Westküste. Im Moment setzt er auf dem Nischenmarkt der Hackerbrausen etwa eine Euro-Palette pro Monat an der Ostküste der Staaten um. An der Westküste hält eine Palette locker ein Jahr. Bei dermaßen winzigen Mengen hat der Markt für Mate in den USA noch echtes Wachstumspotenzial. Zum Vergleich: Auf dem ersten Chaos Communication Congress, bei dem es Mate gab, tranken die Teilnehmerinnen und Teilnehmer gleich zwei Paletten. Obwohl es in den USA mit Sol Mate eine landesweit verfügbare Yerba-Mate-Limo gibt, die sich hauptsächlich an den Latino-Geschmack richtet, ist die Brause aus Franken ein interessanter Exot.

Der Vertrieb von Club-Mate ist ein echtes DIY-Projekt. Im Sommer 2010 verband Nick Farr die Selbstmach-Attitüde der Hackerszene mit der amerikanischen Tradition des Roadtrips.

Der Anlass war zunächst nicht spaßig und begann mit einem doppelten Verlust. Nick hatte wegen der Finanzkrise einen Job als Buchhalter verloren und stand ohne Beschäftigung da. In ein paar Wochen sollte in Las Vegas die größte Hackerkonferenz Amerikas, die *DEF CON*, mit etwa 6000 Besuchern starten, unter den Teilnehmerinnen und Teilnehmern mittlerweile auch viele Mate-Junkies. Ein Freund aus Österreich war zum Urlaubmachen in die USA gekommen und wollte mit seiner Liebsten eine Reise von der Ostküste nach Las Vegas unternehmen. Kurz vor dem Aufbruch stellten sich aber unüberbrückbare künstlerische Differenzen diesem Plan in den Weg. Ohne weitere Urlaubsplanung und mit leicht gebrochenem Herzen begann er mit Nick Farr einen Plan zur Mate-Versorgung der DEF CON zu schmieden.

In Kickstarter-Manier fragten die beiden im Internet nach, wer auf der Konferenz Interesse an einer Lieferung hätte – ab zwei Paletten würde sich die Reise von 3608 Kilometern mit einem Leihwagen lohnen. Die Menge war schnell zusammen und es begann eine Fahrt von 41 Stunden von New York über Chicago nach Las Vegas. Am Ziel angekommen, ging die Ladung sofort weg. Der letzte Kasten Club-Mate mit 20 Flaschen wurde zum Liebhaberpreis von 250 US-$ verkauft.

Inspiriert von der Reise nach Las Vegas begann Nick Farr in der Folgezeit, das Land zu bereisen. In 12 Staaten und in unzähligen Hackerspaces machte er mit seinem Mate-Laster Station. Die Route war diesmal nicht auf 41 Stunden, sondern eine ganze Woche ausgelegt. Von der Ostküste rauf und runter ging es zunächst in die Südstaaten, nach Texas und dann nach Kalifornien. Von Los Angeles aus ging es an der Westküste hinauf bis nach Seattle.

Wieder kam ein Job-Ereignis dazwischen, diesmal allerdings ein positives. In Washington DC wurde ein Finanzexperte gesucht. Die Nachricht überraschte Nick während der Tour. In San Francisco ließ er den Wagen stehen und flog zurück, um eine Woche am neuen Arbeitsplatz zu arbeiten. Danach flog er zurück zum geparkten Laster und setzte seine Tour bis Seattle fort. Abermals gab es eine kurze Unterbrechung für den Broterwerb und nach einem weiteren Flug hin und her schaffte es Nick schließlich bis nach Chicago.

Club-Mate ist in den USA im Moment noch ein echtes Liebhaberding, dessen Vertrieb nebenbei gemacht wird. Die Mundpropaganda auf Hackerkonferenzen hat zu einem kleinen, aber feinen Kult beigetragen. Davon, dass man die Brause einfach so im Kiosk um die Ecke kaufen kann, ist die amerikanische Hackerszene noch weit entfernt. Aber das hält die Enthusiasten nicht davon ab, sich für die Brause ins Zeug zu legen und neue Methoden der Verbreitung zu entwickeln. »Ich weiß von mehreren Hackerspaces, die im Moment an Mate-Automaten basteln und forschen. Ihr werdet noch von uns hören!«, orakelt Nick Farr zur amerikanischen Mate-Zukunft, und die Begeisterung blitzt ihm aus den Augen.

Brausevielfalt, nicht nur in der Hauptstadt

Wenn man heute in einer größeren Stadt in eine Kneipe geht, die einigermaßen szenig aussieht, und Lust auf eine Brause hat, geht man eigentlich davon aus, dass es etwas Auswahl gibt. Zumindest eine Cola mit mehr Koffein, Bionade und vielleicht auch Club-Mate sollten doch vorhanden sein. Gibt es dann nur die Standardmarken vom Coca-Cola Konzern, wundert man sich und fühlt sich zurückerinnert an die graue Zeit, bevor die Brausevielfalt in Deutschland Einzug gehalten hat. Es ist ein Phänomen der letzten zehn Jahre, dass nach jahrzehntelangen Konzentrationstendenzen auf dem Getränkemarkt wieder Abwechslung und Experimentierfreude eingekehrt sind. Angeregt durch Bionade, Fritz und die Wirtschaftshacker von Premium hat sich eine regelrechte Start-up-Kultur entwickelt, deren Produkte die Spätikühlschränke in Hamburg und Berlin befüllen.

Apropos Hamburg und Berlin: Wenn es um die Hackerbrausehauptstadt geht, hat Hamburg immer noch die Nase vorn. Zwar haben die Berliner Kioske, liebevoll *Spätkauf* oder *Späti* genannt, was den Supply mit den neuesten Innovationen angeht, seit einiger Zeit die Nase vorn – die alte Hanse- und Kaufmannsstadt kann dafür aber mit Premium-Cola, Fritz Cola, 1337mate, Flora Power, Cola Rebell und einigen anderen, ganz kleinen Mitbewerbern aufwarten. Oft sind die Hamburger Konsumentinnen die erste Zielgruppe neuer Hackerbrausen. Claudius Holler von 1337mate hat dazu eine eigene Theorie: »Berlin ist zwar die bunteste Weltmetropole Deutschlands und extrem avantgarde, aber hochpleite. Neue kleine Nischenmarken beginnen so klein, dass sie sehr teuer sind. Das funktioniert beim vollen Geldbeutel in Hamburg besser, bis die Größe ausreicht, preislich anders zu agieren.« Dazu kommt, dass die »üblichen Viertel«, wie es in

Hamburger Wohnungsanzeigen immer so schön heißt, also St. Pauli, die Schanze, das Karolinenviertel, Altona und Eimsbüttel »ein großer zusammengewachsener Kiez« sind. »Den kann man viel besser organisch beackern als Berlin mit seinen vielen Minikiezen. Trotzdem ist es spooky, dass Hamburg so eine Sonderrolle einnimmt, zumal es hier kaum Brauereien und Abfüller gibt, die doch alle im Süden sitzen. Hamburg ist halt ein Dorf. Man kennt sich. Zumindest, wenn man irgendwie aktiv und ein bisschen vernetzt ist.« Die Hamburger Brausetrinker haben sich daran gewöhnt, dass es öfter mal was Neues gibt. Schon Club-Mate und Bionade haben ihre bundesweiten Siegeszüge in den Hamburger Clubs und Kneipen begonnen. Eine herausragende Rolle spielen dabei wahrscheinlich die lokalen Getränkedealer wie KGB, die sich mit den üblichen Verdächtigen aus Atlanta nicht zufriedengeben.

Rezensionen

Die bunte Welt der Koffeinbrausen treibt auch Blüten, die sich nicht in die Dreifaltigkeit von Mate, Cola und Energy-Drink einordnen lassen. Von der Schwarzteelimo bis zum Koffeinpulver ist einiges an innovativen Vollwachmitteln zu haben. Was aus dem Rahmen fällt, bekommt seinen Platz eben hier.

Skull

Koffeingehalt	32 mg / 100 ml
Zucker	2,9 g / 100 ml
Koffeinpflanzen	Tee, Guarana
Website	*http://www.drink-skull.de/*
Shortlink	*http://brau.se/p*
Rating	★★★★☆
Straßenpreis	1,00 Euro

Skull Schwarztee-Guarana ist ein bislang einzigartiges, sogar gewagtes Konzept. Ein nicht-süßes Schwarztee-Getränk klingt innovativ, verrückt und geschmacklich extrem spannend. Die braunen Longneckflaschen machen jedenfalls viel her, der Slogan *Süß sind die anderen* klingt vielversprechend, aber ob man sich daran gewöhnt, wird sich zeigen.

Der erste Schluck ist sonderbar, fast abstoßend und schmeckt irgendwie dünn. Skull scheint wirklich ein Getränk zu sein, auf das mensch sich erst einmal einlassen muss. Die bittere Schwarzteenote ist unverkennbar und auch ein Hauch Ingwer lässt sich durchschmecken. Weniger Kohlensäure als in Cola oder Mate ist drin, das passt aber so. Irgendwo tief vergraben unter dem außergewöhnlichen Geschmack ist doch ein Hauch Süße. Was angenehmerweise fehlt, ist ein bitterer Nachgeschmack. Ich trinke weiter. Ungewöhnlich, seltsam, und doch irgendwie lecker und angenehm trinkbar. Ich glaube, dass ich Skull mag. Skull sticht heraus, ist einzigartig, anders, schmeckt nicht allen. Ich will mehr davon.

Ausgesprochen wichtig scheint eine wirklich gute Kühlung zu sein. Bei sommerlicher Zimmertemperatur schmeckt es einfach nicht, wie ich anhand der zweiten, ungekühlten Flasche feststellen muss.

Die Schwarztee-Variante von Skull wird nicht allen schmecken, wird polarisieren. Skull zu trinken, erzeugt ein noch stärkeres Club-Mate-Erlebnis: Wer die erste Flasche überlebt, will nicht mehr aufhören. Potenzial zur Hackerbrause? Mit einem Koffeingehalt von 32mg / 100ml ist die Antwort ein qualifiziertes Ja.

Volt Cola

Koffeingehalt	32 mg / 100 ml
Zucker	11,9 g / 100 ml
Koffeinpflanzen	—
Website	*http://www.voltcola.com/*

Shortlink	*http://brau.se/38*
Rating	★★★★☆
Straßenpreis	1,80 Euro

Nicht nur eine Hommage, sondern die mehr oder minder offizielle Nachfolgerin der legendären Jolt-Cola hört auf den Namen Volt Cola und wird vom ehemaligen Jolt-Importeur vertrieben. In beeindruckender Weise wurden hier alle Register gezogen, um Volt Cola zur durchschlagenden Wachmacherin aufzubauen. Der Koffeingehalt wurde auf energydrinkeske 32mg / 100ml erhöht, und statt einer 0,3er-Dose kommt Volt Cola in einer 0,5er-Dose daher. Der Zuckeranteil entspricht eher dem späteren Jolt-Rezept, mit fast 12 % Zuckeranteil (gegenüber etwa 11 % in der späten Jolt) sorgt nur noch der gesteigerte Koffeingehalt für eine nicht allzu pappige Süße. Die Anleihen an die Legende Jolt sind ansonsten auch geschmacklich recht gut gelungen.

Volt Cola verkörpert den Geist einer vollblütigen Hackerbrause. Wer also ein Substitut zum Backen der berüchtigten Jolt-Pancakes sucht, ist auch mit Volt gut beraten.

Cola Rebell Feststoffcola

Koffeingehalt	180 mg / 100 g
Zucker	97,5 g / 100 g
Koffeinpflanzen	Guarana
Website	*http://www.colarebell.de/*
Shortlink	*http://brau.se/s*
Rating	★★★★☆
Straßenpreis	2,70 Euro

Getränke sind an und für sich eine unpraktische Sache. Das ist auch der Grund, warum durchschnittliche Substanzengebraucher_innen im Schnitt andere Darreichungsformen bevorzugen. Hier kann die Cola Rebell Feststoffcola eine Lücke schließen.

Cola zum Lutschen. Wie geil ist das denn. Für mich als Aktionskletterin mit notorisch zu wenig Schlaf vor Kletteraktionen geradezu ein Segen. Das Ganze schmeckt irgendwie undefinierbar nach Cola und Chili, süßbitterscharf, und macht knallewach. Kein Wunder bei 180 mg / 100 g Koffein, das auch noch schön direkt im Mund aufgenommen wird. Nicht umsonst steht auf der Dose, mensch solle nicht mehr als 8 Stück am Tag lutschen.

Die 80g-Dose enthält etwa 40 Lutscheinheiten, lässt sich vornehmlich im Internet erwerben – mittlerweile sogar zuckerfrei mit Isomalt. Wem die Club-Mate-Spritze und der Kaffee-Rucksacktrinkschlauch zu umständlich sind, ist hier richtig beraten.

Pure Cofain

Koffeingehalt	69,9 mg / 100 ml
Zucker	14,5 g / 100 ml
Koffeinpflanzen	Kaffee, Guarana
Website	*http://www.cofain.at/*
Shortlink	*http://brau.se/u*
Rating	★★★★☆
Straßenpreis	1,50 Euro

Pure Cofain kommt aus Österreich, dem Pionierland des Koffeingenusses. Der Name ist nicht übertrieben: 69,9 mg Koffein je 100 ml stecken in diesem Getränk. Der an Zigarettenschachteln erinnernde

Warnaufdruck ist durchaus nicht übertrieben, denn dabei handelt es sich um mehr als die doppelte Koffeinmenge eines durchschnittlichen Energy-Drinks.

Schon beim Öffnen der Dose ist ein deutlicher Kaffeegeruch wahrnehmbar, der an Kaffee-Cola erinnert. Der erste Schluck ist irgendwie bitter-sauer mit einem deutlichen Espresso-Koffein-Aroma im Nachgang. Obwohl das Getränk vollgepumpt ist mit allerlei Süßmachern von Dextrose, Saccharose und Maltodextrin bis Fruktose schmeckt es nicht süß, sondern am ehesten nach gesüßtem dünnen kalten Espresso mit Kohlensäure. Ein doch sehr gewöhnungsbedürftiger Geschmack.

Die Koffeinwirkung setzt mit der Wucht eines Anonymous-DDoS ein. Bei keinem anderen Energy-Drink gibt es eine solche Menge Koffein fürs Geld. Das Prädikat Hackerbrause ist wohlverdient. Zielgruppe dürften am ehesten Menschen sein, denen Kaffee noch zu lasch ist; für das Geschmackserlebnis würde ich diese Brause nicht erwerben.

Coffaina Bleibwach

Koffeingehalt	6000 mg / 100 g
Zucker	94 g / 100 g
Koffeinpflanzen	–
Website	*http://coffaina.com/*
Shortlink	*http://brau.se/36*
Rating	☆☆☆☆☆
Straßenpreis	1,50 Euro

In gut sortierten Berliner Spätis gibt es etwas zu entdecken: Ein Tütchen mit weißem Pulver, das den Namen Coffaina Bleibwach trägt. Auch wenn der Kokain-Eindruck vermutlich durchaus beabsichtigt ist, besteht der Schnee in diesem Fall aus Koffein und Zucker.

120 mg Koffein enthält ein Tütchen bei einem Gewicht von 2 Gramm. Der Hersteller empfiehlt, das Pülverchen in einem halben Liter Fruchtsaft oder anderer Flüssigkeit aufzulösen, was einen Koffeingehalt von ordentlichen 24 mg / 100 ml ergäbe. Pur schmeckt das Pulver, wie zu erwarten, bitter nach Koffein, der Hauptbestandteil Zucker wird deutlich überdeckt. Den puren Verzehr sollte mensch sich aber gut überlegen, auch wenn für die LD50 immerhin 23 Tütchen benötigt werden.

Der Preis je Tütchen bewegt sich unterhalb der Zwei-Euro-Schwelle und scheint fair zu sein. Das Zeug ist derzeit nur in Berlin und per Versand zu haben ist. Hervorzuheben bleibt der wohl einmalige DIY-Charakter dieses Produktes: Einfach das Lieblingsgetränk zum Wachmacher aufwerten oder das Ganze zum Kochen und Backen verwenden zu können, hat auf jeden Fall Hacking-Appeal.

Guafee

Koffeingehalt	3500 mg / 100 g
Zucker	0 g / 100 g
Koffeinpflanzen	Guarana
Website	*http://www.sinfo-online.de/*
Shortlink	*http://brau.se/24*
Rating	★★★★☆
Straßenpreis	1,50 Euro

Getreidekaffee ist ein billiges Substitut aus Malz, Zichorie, Gerste, Roggen, gerösteten Nüssen und anderen koffeinlosen Pflanzen, das eigentlich nur von Menschen konsumiert wird, die keinen Kaffee bekommen können oder ihn aufgeben wollen. Das Methadon der Macchiato-Junkies. Nicht so Guafee. Prinzipiell mag ich den Geschmack von Getreidekaffee, der mich an Kindheit, Kaffeetrinken bei der Oma und ähnlich verklärtes Zeug erinnert. Doch als hart denkender Kreativarbeiter kann ich meine orale Aufnahmekapazität schlecht an koffeinfreie Ersatzstoffe verschwenden.

Guafee hilft da, denn Guafee ist Bio-Getreidekaffee mit einem Viertel Guarana. Mit leckerem braunen Zucker und viel Sojareismilch schmeckt das Ganze ziemlich harmlos nach guter alter Zeit, doch das Guarana-Koffein, in der Wirkung ähnlich der Mate, lässt das Hirn ordentlich tanzen.

Ein koffeinfreies Getränk mit Quasi-Koffeinzusatz kling zunächst nach einer reichlich bescheuerten Idee, schmeckt aber trotzdem gut und hat wohl auch seine Daseinsberechtigung.

Der Preis ist auf Bioladen-Niveau, die Dose hält und reicht aber bei gelegentlicher Anwendung ziemlich lange. Auf jeden Fall hat Guafee durchaus das Zeug dazu, ein Renner in der Chillout-Zone der nächsten Nerdveranstaltung zu werden.

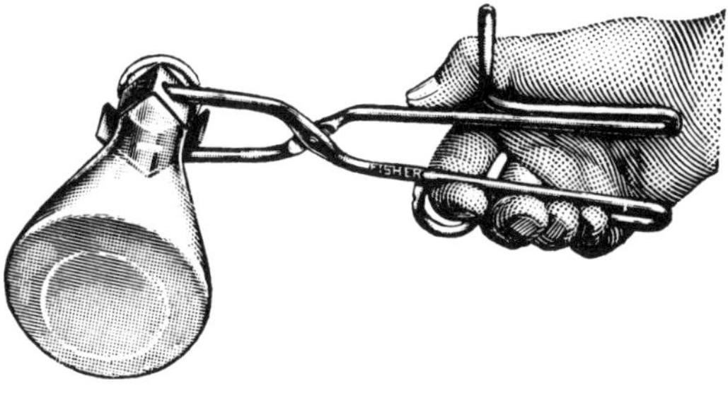

KAPITEL 2

Wirkung und Nebenwirkung

Kann das denn gesund sein? Ernährungsphysiologische Grundlagen

Jetzt müsst ihr leider ganz stark sein: Hackerbrause ist nicht immer gesund. Neben der erwünschten Wirkung, dass wir wach bleiben und durch den Zucker schnelle Energie bekommen, hat der regelmäßige Konsum von Brausen leider auch den einen oder anderen Nachteil.

Doch beginnen wir zunächst mit einer guten Nachricht: Bei der häufig gehörten Gruselgeschichte, dass sich in Cola Fleisch auflöst und damit auch dasselbe mit dem Magen passiert, handelt es sich zum Glück um eine urbane Legende. Wenn man ein Stück Fleisch über Nacht in Cola platziert, wird es sicher nicht appetitlicher, aber aufgelöst wird dabei nichts. Grund für den Mythos ist der geringe Anteil an Phosphorsäure, die Cola enthält. Cola, aber auch andere saure Getränke wie Mineralwasser und Orangensaft können maximal einzelne Fasern ablösen, aber z. B. kein ganzes Steak zersetzen. Während der Einwirkungszeit werden organische Substanzen umgeformt. Durch diesen Prozess verändert sich das Aussehen des Fleisches. Das Fleisch quillt auf und nimmt durch die Flüssigkeit an Gewicht zu. Dem Magen schadet die Phosphorsäure nicht: Der Magen ist gut durch die Magenschleimhaut geschützt. Zudem ist die Salzsäure im Magen viel stärker als die in der Cola enthaltene Phosphorsäure.

Bedenklicher ist da schon die Menge an Zucker, die Brausen typischerweise enthalten, und die relativ geringe Menge an Nährstoffen.

In Deutschland, Österreich und der Schweiz wird der Kohlenhydratgehalt von Nahrung oft in *Broteinheiten* (BE) gemessen. Um in etwa eine Grundlage für Diäten zu haben, gibt es in der deutschen Diätverordnung einen Richtwert, der dem Energiereichtum von einer Scheibe Mischbrot entsprechen soll: Eine Broteinheit ist die Menge eines Nahrungsmittels, die 12 Gramm an verdaulichen und damit blutzuckerwirksamen Kohlenhydraten in unterschiedlicher Zucker- und Stärkeform enthält. 12 Gramm Kohlenhydrate entsprechen einem Energiewert von 200 Kilojoule (kJ).

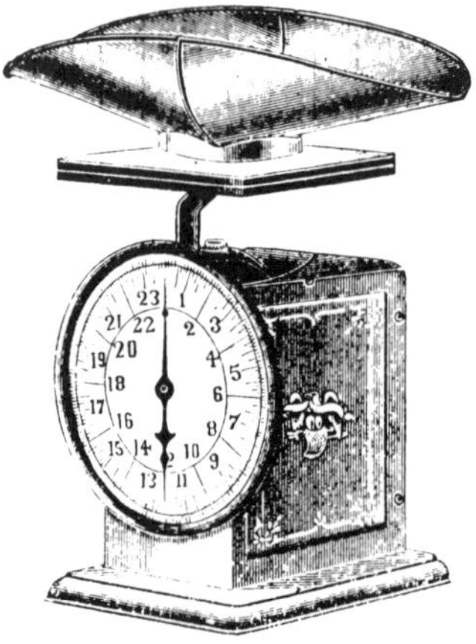

Das Konzept BE ist nur in der deutschsprachigen Welt verbreitet und in der Medizin nicht ganz unumstritten, da es zum Beispiel die Art der Kohlenhydrate und Sachen wie Fett ganz außer Acht lässt, wird aber z.B. bei der Behandlung von Diabetikern mit Erfolg eingesetzt.

Club-Mate als eine klassische Hackerbrause enthält 54 g Zucker pro Liter, 22 Kcal (92,11 kJ nach Wolfram Alpha), das entspricht 2 BE pro Flasche. Damit kommt Club-Mate vergleichsweise gut weg: 110 g Zucker sind in einem Liter Coca-Cola, 120 g in einem Liter Fanta, 100 g in einem Liter Orangensaft (in Form von Fruchtzucker) enthalten. Ein Stück Würfelzucker wiegt etwa 3 g. Eine Flasche Club-Mate enthält also etwa 9 Zuckerstückchen, was immer noch beeindruckend ist, aber im Vergleich zur Konkurrenz steht die Mate noch ganz annehmbar da.

Ist eine gesunde Ernährung auf der Basis von Hackerbrause möglich? Hier kann man mit einem beherzten »lieber nicht« antworten. Wenn wir das Rechenspiel mit den Broteinheiten weiter betreiben wollen, kommen wir schnell an unsere Grenzen. Bei jemandem, der aus medizinischen Gründen abnehmen soll (etwa ein übergewichtiger Typ-2-Diabetiker), wird folgender Ernährungsplan vorgegeben: 13 BE verteilt auf 5 Mahlzeiten: 3 BE morgens, 2 BE Zwischenmahlzeit, 3 BE mittags, 2 BE Zwischenmahlzeit, 3 BE abends. Eine Flasche Club-Mate (eine Hackerbrause mit vergleichsweise geringem Zuckergehalt, wir erinnern uns) enthält also die gleiche Menge BE wie eine komplette diätetische Zwischenmahlzeit!

Das andere Problem einer hackerbrausereichen Ernährung liegt im relativen Mangel an Nährstoffen. In Deutschland läuft seit einigen Jahren eine Langzeitstudie zur Ernährung bei Kindern und Jugendlichen mit dem schicken Namen DONALD (DOrtmund Nutritional and Anthropometric Longitudinally Designed Study). Bei einer Untersuchung im Rahmen der Studie aus dem Jahr 2008 wurden zwar keine Hackerbrausen, aber »Erfrischungsgetränke« allgemein untersucht (also auch Eistee, herkömmliche Limos und Fruchtsäfte). Ausgewertet wurden insgesamt 7.145 3-Tage-Wiege-Ernährungsprotokolle von 1.069 Studienteilnehmern im Alter von 2 bis 19 Jahren. Dabei ging es in erster Linie um die Ernährungsqualität durch die Zufuhr von Mineralstoffen und Vitaminen.

Richtig gesund sind Erfrischungsgetränke eigentlich nicht. Mit steigendem Verzehr von Erfrischungsgetränken sank die Zufuhr der Vitamine A, K, Riboflavin und Folat sowie der Mineralstoffe Kalzium, Magnesium, Phosphor und Kalium signifikant. Insgesamt konnte man einen deutlichen negativen Zusammenhang zwischen Erfrischungsgetränken und der Ernährungsqualität feststellen. Für die Dortmunder Forscher stand am Ende der Untersuchung das Fazit: »Neben den Risiken für eine überhöhte Energiezufuhr durch den Verzehr von Erfrischungsgetränken sind die negativen Auswirkungen auf die Ernährungsqualität ein weiteres Argument, eine Einschränkung des Verzehrs dieser Getränke bei Kindern und Jugendlichen zu empfehlen.«

Es gibt aber noch einen psychologischen Aspekt, den wir in einem Buch über Hackerbrausen nicht unerwähnt lassen sollten: Ernährung ist mehr als die Aufnahme von trockenen Broteinheiten, sie soll uns auch Spaß machen. Was »gesund« ist, lässt sich sicher lang und breit diskutieren und hat immer auch mit dem Zeitgeist oder gerade vorherrschenden Körpernormen zu tun. Genau wie Käsekuchen oder Schokolade die Seele streicheln, aber außer den »leeren Kalorien« der Diätplaner wenig bieten, würde bei einem Leben ohne Hackerbrausen sehr viel Freude der Rationalität geopfert werden. Für diejenigen, die wirklich Wert auf eine 100 % gesunde Ernährung legen, bleibt als einzige Hackerbrause vielleicht noch ein Glas schmackhaftes Wasser übrig, möglicherweise mit einer Multivitamintablette versetzt – dann aber bitte ohne Fruchtzucker und mit Kalzium versehen. Alternativ kann die Hackerbrause auch durch das angestrengte Kauen von zwei Scheiben Mischbrot ersetzt werden. Schöner und lustiger hackt es sich aber damit vermutlich nicht.

Wachschattengewächse – Koffein in Pflanzen

Die Natur hält uns wach. Es gibt eine ganze Menge Pflanzen, deren Inhaltsstoffe verhindern, dass unser Gehirn auf Stand-by schaltet. (Mehr dazu später »Unsere Brause, unser Hirn: Caffeine all around my brain« auf Seite 52.)

Interessant für uns als Konsumierende verschiedenster Hackerbrausen sind vor allem zwei Substanzen der Gruppe der Purinalkaloide: das vertraute Koffein und das weniger bekannte Theobromin. Während Koffein die uns bekannte wachmachende Wirkung hat, ist Theobromin eher stimmungsaufhellend, alles in allem sind sich die beiden Stoffe aber recht ähnlich.

Weltweit gibt es etwa 60 Pflanzensorten, die Koffein enthalten, darunter auch Zitronen, Orangen und Grapefruits. Entdeckt wurde Koffein übrigens von Friedlieb Ferdinand Runge, der auf Johann Wolfgang von Goethes Empfehlung hin Kaffeebohnen destillierte.

Für den Hackerbrauseneigenbrau sind die folgenden Gewächse von Interesse:

Guarana (Paullinia cupana)

Guarana ist eine verholzende Lianenpflanze aus den Urwäldern des Amazonasbeckens und mit einem Koffeingehalt von bis 7,6 % in den getrockneten roten Früchten die koffeinhaltigste Pflanze. Anders als in Kaffee ist das Koffein der Guarana-Pflanze an Gerbstoffe gebunden und wird deshalb langsamer vom Körper absorbiert.

Dass Guarana der letzte Schrei auf dem Markt für koffeinhaltige Getränke ist, zeigt sich daran, dass es als Zutat in vielen Energy-Drinks verwendet wird und es sogar Guarana-Getränke ohne zusätzliche Koffeinlieferanten gibt.

Guayusa (Ilex guayusa)

Guayusa gehört zu den Stechpalmen, sie ist eine Verwandte der Yerba-Mate und vor allem in den Urwäldern des Amazonasgebietes zu Hause. Seit über tausend Jahren wird sie von den Indigenas als anregende Pflanze für die nachts Wachehaltenden benutzt; ältestes Zeugnis ist ein 1500 Jahre altes Bündel Guayusa-Blätter, die der Ethnobotaniker Richard Evans Schultes als Grabbeigabe in den Anden entdeckt hat.

Mittlerweile wird Guayusa auch nachhaltig vermarktet: Die Kooperative Runa aus den USA und Ecuador verkauft ökologische und fair gehandelte Guayusa-Tees über New Yorker Bio- und Dritte-Welt-

Läden sowie über das Internet. Nur eine Brause hat noch niemand daraus gemacht.

Link-Tipp: *http://www.runa.org*

Jenipapo (Genipa americana)

Jenipapo, Genipa, Jagua oder Huito wird dieser vielseitige Baum genannt: Aus seinen Früchten werden Marmelade, Kompott, Saft oder Speiseeis gemacht, die Blätter werden in der paraguayischen Volksmedizin benutzt, das Holz wird zum Bauen verwendet, nur für den durchaus nicht geringen Koffeingehalt interessiert sich scheinbar niemand.

Kaffee (Cofea Arabica, Cofea Robusta)

Kaffee ist eine Strauchpflanze in deren Früchten, den Kaffeekirschen, die uns bekannten Kaffeebohnen stecken. Er wird vor allem in subtropischen Regionen angebaut. Es gibt um die 90 verschiedene Arten, allerdings sind nur drei davon wirtschaftlich bedeutsam: Arabica, Robusta und Liberica. Der Weg zur dampfenden Tasse schwarzen Glücks ist recht aufwendig: Die Kaffeekirschen werden geerntet, das Fruchtfleisch entfernt, die übrig bleibenden Bohnen gereinigt und sortiert, verschifft, geröstet und gemahlen, bevor sie in der Espressomaschine, einem Percolator oder einer Sintrax landen.

Kaffee ist im Übrigen auch die primäre Quelle der Koffeingewinnung. Das beim Entkoffeinieren von Kaffee übrig bleibende Koffein wird nicht in Gorleben endgelagert, sondern fließt in die Produktion von Hackerbrausen, Kopfschmerztabletten und anderen Wohlstandsprodukten.

Zum Koffeingehalt der verschiedenen Kaffeesorten bleibt zu sagen, dass die Datenbasis eher barock ist. Zwar gibt es hunderte Bücher zum Thema, vom Espressomaschinentuning bis zum Kaffee-Einlauf, aber die auffindbaren Angaben zum Koffeingehalt sind ungenau und teilweise widersprüchlich. Vermutlich schwankt der Anteil an Koffein auch je nach Probe stark. Tendenziell ist Robusta stärker als Arabica, und Liberica unterliegt den größten Schwankungen. Den höchsten in der Literatur erwähnten Gehalt hatte eine Probe der Sorte Congensis mit 3,25%. [3]

Podcast-Tipp: *http://chaosradio.ccc.de/cre119.html*

Kakao (Theobroma cacao)

Blütendiagramm von Theobroma

Kaum zu glauben, doch auch in der Kakaopflanze steckt Koffein. Allerdings ist der Gehalt an Theobromin ungleich höher, sogar der höchste überhaupt. Die Kakaobohnen stecken in Kakaofrüchten, die an Kakaobäumen auf Kakaoplantagen in äquatornahen Gegenden wachsen. Auch wenn die Kakaopflanze ursprünglich aus Mittelamerika kommt und bei den Azteken schon vor mehr als 500 Jahren in Gebrauch war, befinden sich etwa zwei Drittel der Anbaufläche in afrikanischen Ländern.

Die Kakaobohnen werden vor allem zu Herstellung von Schokolade benutzt, wobei für Freundinnen des Wachbleibens vor allem die Bitterschokolade spannend ist, in der bis zu einem Prozent Theobromin steckt.

Kolanuss (Cola nitida)

Die Kolanuss, Namensgeberin der Cola-Getränke und ursprüngliche Zutat im Getränk des roten Riesen Coca-Cola, ist die Frucht des zu den Stinkbaumgewächsen gehörenden Kolabaumes, der allerdings nicht auf der fenno-skandinavischen Halbinsel Kola wächst, sondern südlich der Sahara.

In vielen afrikanischen Ländern ist die Kolanuss seit Jahrhunderten ein beliebtes Stimulans und rituelles Genussmittel. Das reichliche vorhandene Koffein ist in dieser Pflanze an Gerbstoffe gebunden und entfaltet seine Wirkung gemächlicher. Heutzutage findet sich die Kolanuss zwar nicht mehr in der Marktführerbrause, aber in anderen Cola-Getränken wie Red Bull Simply Cola oder Club-Mate-Cola sowie in der »Autofahrerschokolade« Scho-Ka-Kola.

Mate (Ilex paraguariensis)

Der Mate-Strauch aus der Gattung der Stechpalmen ist wohl die populärste Koffeinpflanze unter den Hackern, aber auch traditioneller Koffeinlieferant in Südamerika. Mate ist benannt nach dem mati, dem traditionellen Trinkgefäß, das aus einem ausgehöhlten getrockneten Kürbis besteht. In diesem Gefäß werden die Mateblätter immer wieder mit heißem Wasser aufgekocht und das so entstehende Gebräu durch einen speziellen Siebstrohhalm, die Bombilla, getrunken. Die Bombilla sorgt nicht nur dafür, dass keine Mateblätter mitgetrunken werden, sondern auch dafür, dass es bei Temperaturen von 70-90 °C keine Verbrühungen gibt.

Nicht nur die südamerikanischen Ureinwohner und die Gauchos genießen das heiß-bittere Getränk, sogar bis nach Syrien, in den Libanon und auf die Kanaren hat es sich durch zurückkehrende arabische Auswanderer verbreitet. Dort wird die Mate durchaus auch kalt getrunken. Seit fast einem Jahrhundert ist Mate in Form eines kohlensäurehaltigen Erfrischungsgetränkes namens Sekt-Bronte auch in Deutschland bekannt. Mittlerweile heißt die deutsche Brause aber Club-Mate, kommt aus Mittelfranken und hat mit Flora Power, 1337mate und Makava einiges an Konkurrenz.

Tee (Camellia sinensis)

Das wird euch jetzt sicher genau so überraschen wie mich, aber in Tee steckt im Schnitt mehr Koffein als in Kaffee. Allerdings nur in der Pflanze, nicht im Getränk. Tee kommt aus China und ist dort seit etwa 5000 Jahren bekannt. Angeblich sind dem Kaiser 神農 vom Wind Teeblätter ins heiße Wasser geblasen worden. Heutzutage ist Tee weit verbreitet und überall zu bekommen. Tee hat zwar, nicht zuletzt dank vieler Klischees über Briten und Ostfriesen, ein etwas altbackenes Image, eignet sich aber, richtig angewendet, dennoch prima zum wach bleiben.

Der Koffeingehalt von Tee ist ziemlich durchwachsen, er reicht von nahezu null bis richtig viel und ist von vielen Faktoren abhängig: Sorte, Pflanz- und Erntezeit, Verarbeitung und Zubereitung spielen da eine wesentliche Rolle. Mehr Koffein steckt in den Spitzen frischer junger Triebe, die in der Wachstumsperiode geerntet werden. Da Koffein sich in Wasser schneller löst als die Gerbstoffe und das beruhigende Theanin, gilt für die Zubereitung: Kurz ins Wasser fürs Wachkriegen, lang ins Wasser fürs Flachliegen.

Eine für Koffein-User interessante Spezialität ist Matcha, auch bekannt als Teestaub oder Pulvertee. Die Rechnung ist einfach: Mehr Oberfläche sorgt für eine bessere Lösung der Inhaltsstoffe im Wasser.

LINK-TIPP

http://ratetea.net/topic/caffeine-content-of-tea/21/

http://chadao.blogspot.com/2008/02/caffeine-and-tea-myth-and-reality.html

---

Yoko (Paullinia yoko)

Wie ihre Verwandte Guarana ist Yoko ist eine Lianenpflanze, sie wächst in Kolumbien, Ecuador und Peru. Ihr Koffein steckt dummerweise vor allem in der Rinde und spielt daher bislang nur als traditionelle Medizin eine Rolle.

Koffeintabelle

Pflanze	max. Koffein	durchsch.Koffein	Theobromin
Guarana	76000 ppm [6]	40000 ppm [5]	330 ppm [7]
Guayusa	29000 ppm [8]	29000 ppm [8]	
Jenipapo	22500 ppm [6]	22500 ppm [6]	

Pflanze	max. Koffein	durchsch.Koffein	Theobromin
Kaffee (Arabica)	14000 ppm [1,2]	11000 ppm [5]	40 ppm [5]
Kaffee (Robusta)	30000 ppm [1,3]	22000 ppm [5]	80 ppm [5]
Kakao	12900 ppm [6]	3000 ppm[5]	15000 ppm [5]
Kolanuss	25000 ppm [6]	15000 ppm [1,5]	1000 ppm [5,7]
Mate	20000 ppm [6]	7000 ppm[5]	5000 ppm [7]
Tee	47900 ppm [6]	35000 ppm[5]	1700 ppm [5]
Yoko	27300 ppm [6]	27000 ppm [5]	

WARNUNG

Die Daten stammen aus verschiedenen Quellen, die teilweise recht widersprüchlich waren. Zu Cafea Liberica waren keine verlässlichen Daten aufzutreiben.

Unsere Brause, unser Hirn: Caffeine all around my brain

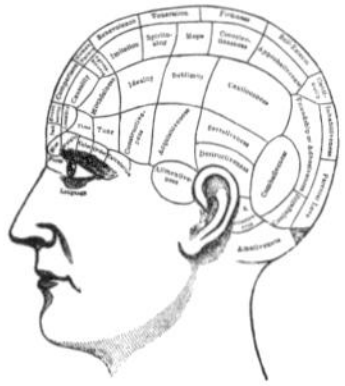

Hackerbrause wird in erster Linie getrunken, um nicht müde zu werden. Dabei spielen verschiedene chemische Effekte des Koffeins eine Rolle, in erster Linie wirkt Koffein aber als Antagonist verschiedener Adenosinrezeptoren. Das heißt, der Stoff, der uns müde macht, wird im Gehirn nicht mehr aufgenommen.

Adenosin blockiert im Gehirn die Ausschüttung von allen belebenden und aktivierenden Neurotransmittern wie zum Beispiel Dopamin, Acetylcholin oder Noradrenalin, sozusagen die Hurra-Moleküle des Gehirns. Adenosin triggert weiterhin das ventrolaterale präoptische Areal (VLPO) im Hypothalamus, das die Weck- sowie Wachzentren des Gehirns durch den Neurotransmitter GABA hemmt, und wirkt damit schlafinduzierend. Koffein kommt nun als Wolf im Schafspelz daher und behauptet »Ich bin schon da!«, wenn die Adenosinrezeptoren ihren Bedarf anmelden.

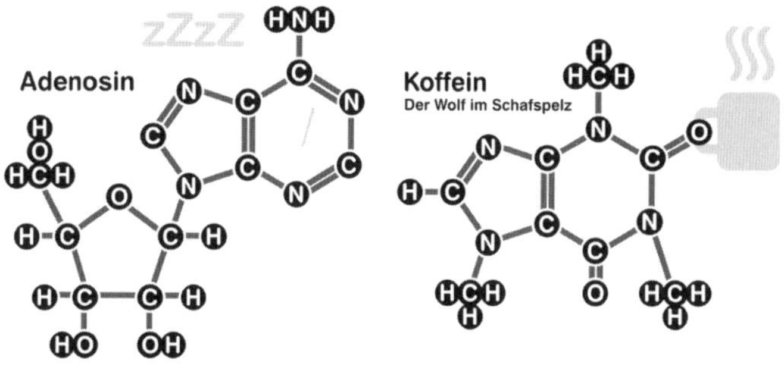

Mit dem Rückgang der Aktivität der Schlafchemikalie Adenosin wird die Rate, in der die Neuronen abgefeuert werden, erhöht und die Konzentrationsfähigkeit steigt. Der Code schreibt sich quasi von selbst und die neuesten Katzenbilder im Internet surfen sich ganz von allein an.

Leider hat die wunderbare Wirkung des Koffein-Tricks einen entscheidenden Nachteil: Eine Koffein-Toleranz ist unvermeidlich. Innerhalb von zwei bis drei Wochen hat sich eine vollständige Toleranz aufgebaut. Durch regelmäßigen Genuss von koffeinhaltigen Erfrischungsgetränken wird die Produktion von Adenosin im Gehirn erhöht – der Trick funktioniert nicht mehr, die Rezeptoren nehmen Adenosin wie gewohnt auf. Um die Gehirnaktivität auf dem gleichen Level wie vor der Koffeintoleranz zu halten, ist nun eine Erhöhung der Koffeineinnahme nötig, ansonsten fühlt sich alles schlapp an. Man könnte sagen: Über die Zeit gesehen bleibt der Adenonsin-Durchschnitt (und damit auch die Aufmerksamkeit) ziemlich konstant, das Koffein wirkt irgendwann nicht mehr.

So hart das klingt: Regelmäßige Koffeinpausen sind notwendig, wenn man sein Gehirn mit Hilfe von Hackerbrausen weiterhin hacken möchte. Schon eine Woche ohne Koffein kann Wunder wirken – wenn die Umgebung die zwangsläufig damit verbundene Grummeligkeit erträgt.

KOFFEINENTZUG

In Berlin findet jedes Jahr zwischen Weihnachten und Neujahr der Chaos Communication Congress statt. Bei diesem Stelldichein von Hackern aus der ganzen Welt werden unglaubliche Mengen Mate konsumiert. Auf dem 27C3 im Jahr 2010 sollen es 6000 Liter gewesen sein – gegenüber gerade mal 600 Litern Bier. Das verwundert kaum, schließlich gibt es auf dem Kongress die ganze Zeit über anregende und herausfordernde Vorträge, Menschen und Basteleien. Da bringt es überhaupt nichts, sich mit Alkohol zu berauschen, und für die Partynacht in der C-Base gibt es ja immer noch Tschunk. Doch der Koffein-Konsum auf dem Kongress hat auch seine Schattenseiten: In jedem Jahr klagen viele Kongressbesucher_innen über Schlappheit. Das Post-Kongress-Loch setzt ein, wenn man nicht sogar von der berüchtigten Kongressgrippe dahingerafft wird.

Grund dafür ist der Koffeinentzug: Erschöpfung, Energieverlust und Schläfrigkeit gehören zu den Symptomen, aber auch Kopfschmerzen, Unzufriedenheit, depressive Stimmungen, Konzentrationsstörungen, Reizbarkeit und das Gefühl, keine klaren Gedanken fassen zu können. Wer der koffeinentzugsbedingten Dysphorie etwas entgegensetzen will, sollte die Koffeinmenge immer mal wieder mit Wasser herunterleveln. Dann wird das Loch nach dem Kongress nicht so tief, man hat noch was von der Silvesterparty und der Start ins neue Jahr fällt leichter.

Wo ist wie viel Koffein erlaubt?

mg Koffein / 100ml

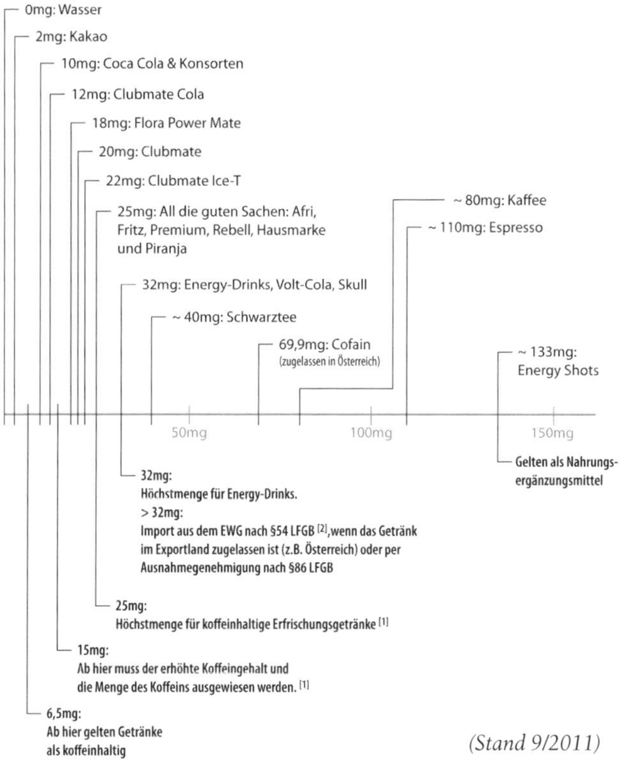

Quellen:

[1] http://www.bmelv.de/SharedDocs/Downloads/Ernaehrung/Lebensmittelbuch/LeitsaetzeErfrischungsgetraenke.pdf?__blob=publicationFile

[2] http://www.gesetze-im-internet.de/lfgb/BJNR261810005.html

Zucker im Tank

Eine Substanz, die in den meisten koffeinhaltigen Getränken steckt oder bei der Zubereitung beigemengt wird, ist Zucker. Das ist kein Zufall, denn Koffein ist geschmacklich doch eine eher bittere Angelegenheit, und wenn das Gehirn wach bleibt, braucht es auch etwas, um die Betriebstemperatur zu halten.

Zucker und Koffein

Doch wie ist das mit den beiden? Nun, zur Wechselwirkung von Zucker und Koffein gibt es zwei populäre Studien, die sich widersprechen.

An der Uni Würzburg hat die Psychologin Eva Schnabel im Jahr 2006 im Rahmen ihrer Diplomarbeit *Wirkung von Koffein und Dextrose auf Fahrverhalten und Fahrerzustand*[9] die Wirkung von Koffein und Dextrose auf Fahrverhalten und Fahrerzustand untersucht. Darin bestätigt sie die wachmachende Wirkung von Koffein, die aber von der Dextrose eingedampft wird und erst durch noch mehr Koffein wieder mehr in Erscheinung tritt. Die Probanden mussten eine vierstündige Autofahrt mit einer halbstündigen Pause in der Mitte und unter Einfluss verschiedener Getränke, die wahlweise Koffein, Traubenzucker, alles zusammen oder nichts davon enthielten, über sich ergehen lassen. Im Resultat wird die positive Wirkung von Energy-Drinks auf die fahrerische Sicherheit bezweifelt.

Die Studie der Universität Barcelona mit dem schönen Titel *Glucose and caffeine effects on sustained attention: an exploratory FMRI study*[10] hatte einen ähnlichen Ansatz. Auch hier bekamen die Probanden Koffein und Traubenzucker verabreicht, doch anstatt Auto zu fahren, ging es vor und 30 Minuten nach dem Verzehr zum Lösen von Aufgaben in den Magnetresonanztomographen, um die Hirnaktivität zu messen. Siehe da: Die Probanden mit dem Hackerbrausenmix aus Koffein und Zucker mussten weniger Gebrauch von ihrem präfrontalen Kortex und Scheitellappen machen als zuvor. Erstaunlicherweise war in dieser Studie die verabreichte Menge Traubenzucker wesentlich höher als in durchschnittlichen Brausen.

Zucker hat also einen Einfluss auf die Wirkung von Koffein. Auf jeden Fall befeuert er den Metabolismus und sorgt für eine schnellere Verstoffwechslung des Koffeins. Den beiden Studien zu Folge scheinen vor allen zwei Faktoren hier interessant zu sein: Die Koffein-Zucker-Ratio und die Zeitspanne der Wirkung. Um das Feintuning sollte sich allerdings die Getränkeindustrie kümmern, vielleicht gibt es nach dem 24-Stunden-Deo demnächst die 24-Stunden-Brause.

Fruktose und Glucose

Zucker kann übrigens so einiges sein. Im Alltag meinen wir damit das weiße Zeug aus der Kilopackung. In unseren Breiten handelt es sich dabei meist um Rübenzucker, in anderen Gegenden gibt es vor allem Rohrzucker, aber auch aus Zuckerpalmen und dem Zuckerahorn wird Zucker gewonnen. Das ist im Prinzip aber recht egal, denn das süße Zeug dabei ist in allen Fällen Saccharose. Die wiederum ist eine Verbindung von Glucose und Fructose, landläufig auch bekannt unter den Marketing-Euphemismen Traubenzucker und Fruchtzucker.

TIPP

In Trauben ist übrigens mehr Fruchtzucker als Traubenzucker.

Neben der Saccharose gibt es auch noch Süßungszutaten, in denen Glukose und Fruktose einzeln in verschiedenen Verhältnissen vorkommen. Steckt mehr Fruktose drin, heißt das Ganze Fruktose-Glu-

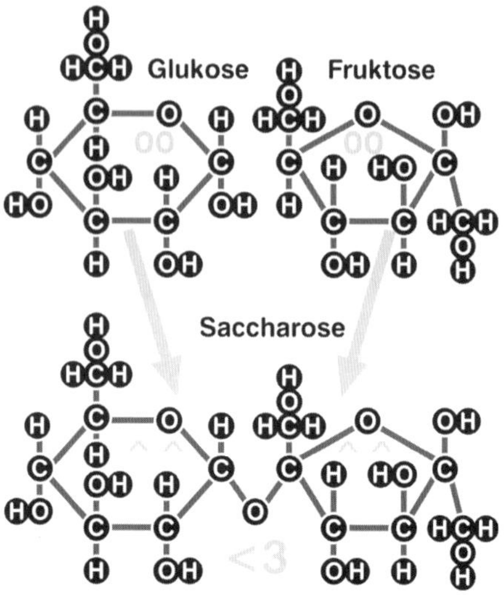

kose-Sirup, ist die Glukose in der Überzahl, findet die Benennung genau andersherum statt.

Fruktose ist die süßere von beiden und lässt sich besser in Wasser lösen, Glukose hingegen ist weniger süß und kristallisiert besser. Ernährungsmäßig nehmen sich die beiden nichts, mit vier Kalorien je Gramm schlagen beide nicht sehr sparsam zu Buche. Einen Haken hat allerdings die Fruktose: Kann die aufgenommene Menge Fruktose nicht im Dünndarm verarbeitet werden, gelangt sie in den Dickdarm und kann dort Schwierigkeiten in Form von Durchfall, Blähungen und Schmerzen machen: die intestinale Fruktoseintoleranz. Eine gleichzeitige Aufnahme von Glukose sorgt immerhin auch für eine bessere Aufnahme von Fruktose, weswegen die handelsübliche Saccharose eher unproblematisch ist.[11] Ganz schön raffiniert, dieser Zucker.

In den USA hingegen steckt in den Brausen und vielem anderen Süßkram aber vor allem der aus Mais gewonnene Fruktose-Glukose-Sirup HFCS (High Fructose Corn Syrup), der bis zu 90 % Fruktose enthält. Der wird vor allem und trotz der Fruktose-Problematik verwendet, da er auf Grund der hohen Subventionen für den Maisanbau wesentlich billiger ist.

Das ist auch der Grund, weshalb sich eine amerikanische Cola derselben Marke im Geschmack wesentlich von ihrem restweltlichen Pendant unterscheidet: Während unsere europäisch erzogenen Geschmacksknospen eine US-Coke wegen der übermäßigen Fruktose eher als seltsam süß und pappig empfinden, ist für vereinigt-staatliche Zungen ein Getränk mit »real sugar« oft eine lukullische Offenbarung. Deshalb gelten in den Staaten die meist rohrzuckerhaltigen mexikanischen Brausen als Geheimtipp.

Süßstoffe

Es klingt schon ziemlich klischeehaft: Constantin Fahlberg führt 1878 ein chemisches Experiment mit Verbindungen aus Steinkohlenteer durch, das gründlich fehlschlägt und überkocht. Er wäscht sich die Hände, geht nach Hause und beim Abendessen stellt er fest, dass alles süß schmeckt. Nachdem er zunächst seine Frau im Verdacht hat, ihm einen Streich zu spielen, kommt er letztlich doch zu dem Schluss, dass er eine neue chemische Verbindung mit ungeahnter Süßkraft entdeckt hat. Wir kennen sie heute als Saccharin.

Es klingt ziemlich verheißungsvoll: Süßstoffe können zwar die Geschmacksnerven triggern, aber nicht vom Körper metabolisiert werden; wir schmecken zwar etwas, werden aber nicht dick davon. In der Tat scheinen Süßstoffe auf den ersten Schluck dieses Versprechen zu halten. Acesulfam und Aspartam, Cyclamat und Neohesperidin, Saccharin und Sucralose, Thaumatin und Neotam in Nahrungsmitteln klingt zwar gruselig, doch werden diese Stoffe ohne weitergehende Wirkung wieder ausgeschieden. Auch der Verdacht, dass solche Zuckerersatzstoffe krebserregend oder anderweitig der Gesundheit abträglich sein können, ließ sich bislang kaum erhärten, wenn auch vieles noch unerforscht ist.

Eine andere Kategorie sind Zuckeraustauschstoffe wie Sorbit und Xylit. Sie sind eher weniger süß als Zucker, haben durchaus einen Nährwert und gelten als gesundheitlich unbedenklich. Ihr Vorteil liegt vor allem darin, dass sie unabhängig von Insulin verstoffwechselt werden und so eine Alternative für Diabeteserkrankte bieten. Allerdings wirken sie in rauen Mengen als Stuhlgangbeschleuniger.

Alles prima also mit dem Chemiezucker? Nun ja, auf dem Papier liest sich das alles gut, doch beim näheren Hinschmecken ist klar, dass die Süßstoffe zwar süß sind, der Geschmack aber eher flach und eindimensional ist. Süßkraft allein ist eben nicht alles, und bei der Wahl zwischen Geschmackserlebnis und Gesundheit tendieren viele wohl eher zu ersterem.

Geschmacksknospen-Hacking

Eine Alternative ist es da, unsere Geschmacksknospen zu hacken. Das ist kein Scherz, denn unser Geschmacksempfinden hat etwas mit beschleunigter Masse und Faultieren gemein: Es ist träge. Wir gewöhnen uns an Geschmack und sind auf einen bestimmten Grad an Süße geeicht. Wer jeden Tag hoch dosierte Zuckerbrause trinkt, hat ein anderes Süßeempfinden als eine Matefanatikerin. Statt also mit immer mehr Süßkraft auf die Gustatorik einzutrommeln, ist es sinnvoller, das eigene Geschmacksempfinden neu zu justieren. Auch wenn es bitter ist: Man gewöhnt sich dran™.

Quellen

[1] Lebensmittelchemie, Kapitel 18, Alkaloidhaltige Genussmittel, Werner Baltes, ISBN 9783540381815

[2] Caffeine, Gene Spiller, ISBN 0849326478

[3] A Review of Literature of COFFEE RESEARCH in Indonesia, Pieter Johannes Samuel Cramer, SIC Editorial, Inter-American Institute of Agricultural Sciences, 1957

[4] Berichte der Deutschen Pharmaceutischen Gesellschaft, Band 11, Seite 349, R. Gaertners Verlagsbuchhandlung, 1901

[5] The world of caffeine: the science and culture of the world's most popular drug, Benett Alan Weinberg, Bonnie K. Bealer, Routledge Chapman & Hall, 2011, ISBN 9780415927222

[6] Caffeine, Germplasm Resources Information Network, United States Department Of Agriculture; *http://www.ars-grin.gov/cgi-bin/duke/chemical.pl?CAFFEINE*

[7] Theobromine, Germplasm Resources Information Network, United States Department Of Agriculture; *http://www.ars-grin.gov/cgi-bin/duke/chemical.pl?THEOBROMINE*

[8] Componentes Quimicos Guayusa *http://www.scribd.com/doc/61478231/Componentes-Quimicos-Guayusa-19Oct09*

[9] *http://www.uni-wuerzburg.de/en/sonstiges/meldungen/detail/artikel/kaffee-tri/*

[10] *http://onlinelibrary.wiley.com/doi/10.1002/hup.1150/abstract*

[11] *http://www.dge.de/modules.php?name=News&file=article&sid=571*

KAPITEL 3

Mate

Mit dem Begriff »Hackerbrause« wird fast synonym ein Getränk benutzt, das vor einigen Jahrzehnten außerhalb von Lateinamerika kaum bekannt war. Auf vielen Veranstaltungen mit Hackern sieht man mittlerweile die Limonadenflaschen mit dem Gaucho drauf und bekommt wundersame Details zu der Wirkung der Brause zugeraunt. Club-Mate ist am bekanntesten, aber mittlerweile gibt es mehr als eine Mate-Brause zu kaufen. Dabei tut man der Kulturpflanze Mate Unrecht, wenn man sie nur als Grundlage für Brausen betrachtet. Und auch die Geschichte der Brausen hat es in sich.

»Ein Strauch aus dem Urwald«

Beginnen wir mit einer kleinen Begriffsverwirrung. Was ist eigentlich Mate? Der Mate-Strauch (Ilex paraguariensis A.St.-Hil, auch: Ilex paraguensis D.Don und Ilex paraguayensis Hook.), auch Mate-Baum genannt, ist eine Pflanzenart aus der Gattung der Stechpalmen (Ilex) in der Familie der Stechpalmengewächse (Aquifoliaceae). Die Heimat der Pflanze liegt in Südamerika. Daneben hat »Mate« noch zwei weitere Bedeutungen: Aus der Pflanze wird ein traditionelles Aufgussgetränk hergestellt und ursprünglich bezeichnet Mate das Trinkgefäß für dieses Getränk. Als Basis für Hackerbrausen ist Mate (die Pflanze) aufgrund ihres hohen Koffeingehaltes so interessant: In den frischen Blättern sind 0,35 bis 1,7 % Koffein, etwa 0,1 bis 0,2 % Theobromin, Theophyllin und 4 bis 16 % Gerbstoffe enthalten. Gerbstoffe? Damit bezeichnet man einen wichtigen Teil unter den therapeutisch wirksamen Bestandteilen von Heilpflanzen. Sie wirken entzündungshemmend, antibakteriell, antiviral und neutralisieren Gifte.

Wenn man genauer differenzieren will, spricht man vom »Mate-Kraut« oder auf spanisch eben von Yerba-Mate. »Yerba« ist eine lateinamerikanische Schreibvariante des spanischen Wortes »hierba« und bedeutet »Kraut« oder »Gewürz«. Ausgesprochen wird Yerba-Mate als ['ɟerβa 'mate], was ein bisschen wie »dscherba mate« klingt.

Meistens wird Yerba-Mate als Aufguss-Tee, also warm, getrunken. Aber ganz so originell ist der gut gekühlte Mate-Softdrink nicht. In Paraguay und Brasilien, aber auch in Argentinien trinkt man gerne Tereré, das ist Mate, der mit kaltem Wasser, manchmal sogar mit Eis aufgefüllt wird. Dazu kommt Minze oder Zitronengras. In Argentinien und Paraguay mischt man Tereré auch mit Limonen- oder Orangensaft, in Brasilien gerne auch mit Ananassaft. Tereré mit Fruchtsaft heißt auch »tereré ruso« (Tereré russische Art), da die osteuropäischen Einwanderer in Südamerika wohl damit begonnen haben, ihren Mate so zu trinken.

Auf der Arbeit gibt es häufig eine »Tereré-Pause« statt einer Kaffeepause. An den meisten Arbeitsplätzen wird Tereré oder Mate akzeptiert – Yerba-Mate hat schließlich eine stimulierende Wirkung.

Mate ist aber mehr als ein Getränk, er erfüllt auch eine soziale Funktion. Oft reicht man Mate in geselliger Runde und plaudert dabei mit alten Bekannten oder lernt neue Menschen kennen. Am Ende des Tages kann Mate auch alleine getrunken werden, um gemütlich über den Ablauf zu reflektieren.

Traditionell wie in Südamerika: Richtig Mate trinken

Als Brause in der Flasche ist Mate den meisten Hackern bekannt. Millionen Menschen in Lateinamerika trinken ihren Mate aber ganz anders: als Tee aus einem ganz besonderen Trinkgefäß. Mittlerweile bekommt man alles, was zum traditionellen Mate-Trinken gehört, auch bei uns. Die ultimative Anleitung zum Trinken von Mate gibt es im Web (*http://lmgtfy.com/?q=richtig+mate+trinken*) oder eben hier[1]:

Zutaten

- Ein Mate, der aus einem kleinen Kürbis, aus Holz oder emailliertem Metall besteht, im Notfall können auch Tassen oder sogar leere Joghurtbecher verwendet werden. Andere Namen, unter denen das Trinkgefäß bekannt sind, sind in Paraguay »guampa« oder im brasilianischen Portugiesisch »cuia«. Manchmal nennt man das Gefäß auch nach dem Kürbis einfach »calabaza«.
- Eine Bombilla, das ist ein »Strohhalm« aus Metall (es gibt aber auch Wegwerf-Bombillas aus Plastik), der unten eine siebartige Vorrichtung hat. Leider nicht durch ein anderes Gerät ersetzbar.

- Yerba, also der Tee selbst. Wird in Packungen von einem Kilo und einem Pfund verkauft, bisweilen gibt es auch Vorratspackungen von 2 Kilo. Es gibt verschiedene Sorten. Bekannt sind etwa Taragüi, Nobleza Gaucho und Rosamonte. Die Unterschiede beruhen auf der Herstellungsweise: ob der ganze Strauch, inklusive der Ästchen und Strünke verarbeitet wurde, oder nur die Blätter. Kräftiger und traditioneller schmeckt die Yerba, wenn sie aus dem ganzen Strauch kommt. Zu kaufen gibt es Yerba oft in Eine-Welt-Läden oder in lateinamerikanischen Importgeschäften in großen Städten. Oft bieten gute Teeläden mittlerweile auch Yerba an. Meistens gibt es die nötigen Trinkutensilien im gleichen Laden zu kaufen. Im Internet-Zeitalter gibt es natürlich auch Onlineshops, etwa unter *http://www.mate-tee-versand.de/*.
- Eine Thermoskanne, am besten mit einer speziellen Ausgießvorrichtung, z. B. mit einer Art Druckknopf oben. Wenn nicht vorhanden, kann eventuell eine Teekanne mit Stövchen aushelfen. Die hier üblichen Wasserkessel sind leider aufgrund ihres breiten Ausgusses nicht geeignet, im Gegensatz zur argentinischen Pava, aus der oft direkt serviert wird.
- Leitungswasser und eine Möglichkeit, dieses zu erhitzen.

Vorgehen

- Wasser aufsetzen. Das kann im Wasserkocher sein oder im Kessel, natürlich geht auch ein Boiler, der als Wasserkocherersatz dient. Menge je nach Größe der zur Verfügung stehenden Thermoskanne.

  Während das Wasser sich erhitzt, den Mate vom vorherigen Yerba befreien, am besten geht das durch Ausklopfen über dem Mülleimer, wobei auf eventuell noch schlafende Mitbewohner_innen Rücksicht genommen werden sollte. Auf ein Auswaschen des Mates kann im Regelfall verzichtet werden.

- Das Wasser prüfen: Es darf auf keinen Fall kochen! Die persönlich bevorzugte Temperatur muss man selbst herausfinden, als Maßregel kann der Moment gelten, in dem das Wasser anfängt, Geräusche zu machen – wobei das im Falle von Wasserkochern meist zu früh ist. Es empfiehlt sich der Fingertest: Es muss ein bisschen zwiebeln, aber gerade noch aushaltbar sein, ohne dass man sich verbrennt. Hat das Wasser die gewünschte Temperatur erreicht, sollte es in die Thermoskanne gefüllt werden.

- Den Mate etwa zu zwei Dritteln mit neuer Yerba füllen. Über Kopf schütteln, dabei die Handfläche auf die Öffnung halten (sonst fliegt ja alles raus!). Darauf achten, dass am Ende die Yerba in einem Winkel von etwa 45° liegt, also auf einer Seite bis zum oberen Rand des Mates, auf der anderen Seite fast am Boden. Dann mit Mittel- und Zeigefinger festdrücken. Anschließend einen Schuss kaltes Wasser auf die tiefliegende Seite geben, um die Yerba anzufeuchten. Dann mit dem heißem Wasser über selbige Seite bis zum Rand füllen. Schließlich die Bombilla in eben diese mit weniger Yerba gefüllte Seite stecken.
- Den Mate mit eingesteckter Bombilla zum Mund führen und austrinken (durch die Bombilla). Anschließend wieder neu füllen. Wenn sich ab dem zweiten Aufguss Schaum bildet, ist alles richtig. Weiter aufgießen, bis das Wasser verbraucht oder der Mate ausgewaschen ist (also nach nichts mehr schmeckt, manchmal angezeigt durch oben schwimmende Stöckchen). Dann wieder mit Punkt 1 beginnen.
- (Nur für den Fall, dass andere Leute dabei sind:) Allen anwesenden Personen einen Mate anbieten (niemals den ersten!). Nehmen sie ihn an, wird so lange weiter angeboten, bis sie ablehnen. Es schickt sich hingegen nicht, dass andere Leute das Einschenken selbst durchführen, es sei denn, die Person, die den Mate zubereitet hat, bittet darum.

Gelegenheiten

Mate kann man eigentlich immer trinken. Es ist ein guter Start in den Tag zum Frühstück und passt bis zum Abendessen. Man sollte darauf achten, zwischendurch Wasser zu trinken und das Essen nicht vergessen. Süße Sachen eignen sich hervorragend als Snack zum Mate. Mehr als drei Liter am Stück sind nicht unbedingt zu empfehlen. Beim abendlichen Ausgehen sind vielleicht Hackerbrausen besser geeignet. Fortgeschrittene haben keine Probleme, nach drei Litern Mate am Tag noch 2 Liter Club-Mate in der Nacht zu konsumieren. Man sollte nur drauf achten, rechtzeitig vor dem Schlafengehen mit dem Mategenuss aufzuhören, da er sehr viel Koffein enthält.

Auch unterwegs kann Mate getrunken werden. Man muss ja nicht übertreiben wie die Urugayer und ihn sogar zum Einkaufsbummel mitnehmen, aber für die Uni, die Arbeit oder ein Picknick ist er sehr geeignet.Wenn man sich an öffentliche Orte wie z. B. Festivals begibt, sollte man allerdings damit rechnen, darauf angesprochen zu werden und erklären zu müssen, dass es sich nicht um ein Rauchgerät handelt. Zur Vorbereitung Punkte 1-3 durchführen (eine Thermoskanne ist in diesem Fall Vorraussetzung), dann eine ausreichende Menge Yerba in eine Plastikdose oder ein Einmachglas füllen, Mate und Bombilla in eine kleine Plastiktüte packen und alle Zutaten einpacken. Am gewünschten Ort angekommen, Punkte 4-6 durchführen. Muss man den Ort verlassen, hat aber das Wasser noch nicht verbraucht und möchte das Trinkvergnügen noch nicht beenden, kann man den Mate mit Yerba und Bombilla drin in die Plastiktüte packen und ggf. mit einem Gummiband so fest zubinden, dass nichts oder nur wenig herausfällt. Dann kann man an einem neuen Ort den Trinkgenuss fortsetzen.

Mate kann sehr gut unterstützen, wenn man Gewicht verlieren will (in diesem Fall sollte man unbedingt darauf verzichten, Zucker hinzuzufügen, was ich aber eh eklig finde), da es das Hungergefühl unterdrückt (aus ähnlichem Grund ist Mate sehr beliebt bei Menschen, die sich aus finanziellen Gründen kein regelmäßiges Essen leisten können).

Für dem Fall, dass es sich um eine Erstbenutzung handelt, sollte der Mate vorher »kuriert« werden, das heißt, entweder mit benutztem Yerba oder mit neuem und Wasser füllen und mindestens einen Tag stehenlassen.

Von Thüringen über Münchsteinach in die Welt: Club-Mate

Die Ursprünge der prototypischen Hackerbrause Club-Mate liegen im Dunkeln der thüringischen Provinz (siehe auch Kapitel 1). Unter dem drolligen Namen *Sekt-Bronte* brachte dort eine »Deutsche Matte-Industrie G.m.b.H.« den ersten limonadenähnlichen alkoholfreien Mate-Trunk in Deutschland heraus, im heutigen Bad Köstritz, das in erster Linie durch sein Schwarzbier bekannt ist. Vermarktet wurde die Sekt-Bronte aber dann in Süddeutschland. Georg Latteier in Dietenhofen im mittelfränkischen Landkreis Ansbach entdeckte die thüringische Sekt-Bronte 1924 auf einer Ausstellung und erwarb die Lizenz zur Herstellung und zum Vertrieb dieses Getränkes in Franken. *Bronte* ist bis heute als Marke geschützt – im Oktober 2002 wurde die Marke von einem Inhaber aus Caaschwitz in der Nähe von Bad Köstritz eingetragen. Seit Ende 2011 liegen die Markenrechte aber bei Loscher, bzw Loscher hat eine neue Marke eingetragen und die andere läuft aus: *http://register.dpma.de/DPMAregister/marke/register/301578990/DE*.

Die Firma Latteier begann in Mittelfranken also 1924 mit der Belieferung von Gasthäusern in Dietenhofen und im Umkreis von etwa 10 km. Viele Leute holten ihr Lieblingsgetränk auch kastenweise bei der Firma. Als durch den Zweiten Weltkrieg die Herstellung von Bronte zum Erliegen kam, dauerte es durch die Bekanntheit von Bronte nicht lange, bis nach Kriegsende die Herstellung wieder anlief.

Auf der Webseite von Club-Mate liest sich der weitere Aufstieg des Familienunternehmens wie eine typische Geschichte aus dem Wirtschaftswunder der 1950er Jahre: »Im Jahr 1957 heiratete Hans Sauernheimer die Tochter von Familie Latteier und trat in die Firma ein. Es wurde eine vollautomatische Abfüllungsmaschine sowie eine Flaschenverschließmaschine angeschafft. Durch großen persönlichen Einsatz von Herrn und Frau Sauernheimer konnte die Firma einen großen Aufschwung erleben. Das Vertriebsgebiet konnte erweitert werden; die Kunden wurden bei Bedarf auch nach Feierabend oder am Sonntag beliefert. Durch Selbstabholer kam das Getränk bis Ulm, Aschaffenburg oder Hamburg.«

Im Jahr 1994 verkaufte Herr Sauernheimer aus Altersgründen die Lizenz zur Herstellung von Bronte an die Brauerei Loscher aus Münchsteinach. Loscher war es auch, der die Umbenennung von Bronte in »Club-Mate« vornahm – durch die sich ausbreitende Technoszene der 1990er lag das Wort »Club« schon in der Luft. Von Münchsteinach gelangte Club-Mate dann nach Hamburg und Berlin. Der Rest ist Geschichte und wurde bereits in Kapitel 1 erzählt.

Von Nerds für Nerds: 1337mate

Claudius Holler und Daniel Plötz sind Inhaber einer kleinen Werbeagentur im Hamburger Stadtteil St. Pauli. Für die Piratenpartei war Claudius Holler Kandidat für die Wahlen zur Hamburger Bürgerschaft im Jahre 2011. Im Juli 2010 kam ihm zusammen mit seinem Bruder und Geschäftspartner Daniel Plötz die Idee zu einer Brause. Auf Barcamps, auf Hackerkonferenzen und sonstigen Geek-Veranstaltungen wurde die Club-Mate als Hackerbrause abgefeiert, aber irgendwie schien es keine Schnittstelle zwischen der Firma Loscher und der Gemeinde zu geben. »Das geht doch besser«, dachten sich die beiden, denn mit der Vermarktung an Zielgruppen kannten sie sich ein bisschen aus.

»Wir betreuen Kunden als Schnittstelle zwischen Online- und Offlinewelt, und versuchen dann ein Gesamtkonzept mit ihnen zu erarbeiten und die Teams zusammenzustellen. Allerdings beweisen die wenigsten Kunden, vor allem die großen Kunden, nie den Mut, sich ernsthaft aufs Web 2.0 einzulassen – mit Transparenz und Fehlerveröffentlichung etc.«, beschreibt Claudius seinen Ansatz im typischen Werber-Jargon.

Aber Mate war bei den Machern von 1337mate auch schon eine Herzensangelegenheit. Durch die Sozialisation als Nerds hatten die sie schon immer viel Mate getrunken. »In einem mitternächtlichen

Chat kamen Daniel und ich darauf, dass eigentlich eine Geek/Nerd-Mate fehlt. Ein Wort gab das andere und die Idee 1337mate war geboren – immer augenzwinkernd zu verstehen und mit Klischees spielend, die nur Nerds der frühen Stunden begreifen können.«

TIPP

1337 ist Leetspeak für Leet, also Elite. Mehr dazu in der W1k1p3d14: *http://de.wikipedia.org/wiki/Leetspeak*.

»Wir wollten ein temporäres Projekt in die Welt rufen und online begleiten, zwei Paletten ›echte‹ Hackerbrause online unters Volk bringen und versenden. Wir kennen den Matehersteller *Flora Power* schon länger und fragten die an, ob wir zwei Paletten (80 Kästen) bestellen können und umlabeln dürfen. Die von Flora Power fanden das gut und so begannen wir ganz rustikale ASCII-Grafiken und Internet-Memes visuell aufzubereiten und in einem Blog, via Twitter und später auch Facebook davon zu berichten.«

1337mate – das wurde auch offen so gesagt – war am Anfang also nicht mehr als Flora Power mit einem neuen Etikett und eigentlich nur als Gag gemeint. Aber dann kam alles ganz anders. Knapp vier Wochen, nachdem die Lieferung angekommen war, war alles ratzekahl leer und die Leute haben das im kleinen Kreis, aber glorreich gefeiert mit eigenen Fotos, Illustrationen, Videos. Für die 1337-Macher war der Spaß da: »Wann sonst kann man nachts um 3 mit Kunden chatten und Blödsinn twittern, an Memen teilnehmen und einfach genau das tun, was man eh gern tut?«, fragt Claudius. »Die Welle war jedenfalls größer als gedacht. Die Leute trugen stolz die Shirts und überschütteten uns mit Lob und Zuspruch. Also bestellten wir nochmal 17 Paletten, einfach, um die Chose bis zum Jahresende durchziehen zu können und jedem seinen Mate zukommen zu lassen. Wir wollten niemanden leer ausgehen lassen. Das war immer noch Flora Power, grafisch immer noch Nerdtrash.«

Doch ein bisschen hatten Claudius und Daniel die Rechnung ohne die Nerds gemacht. Innerhalb der Szene kam auf einmal erste Kritik auf: 1337mate kopiert nur, ist irgendeine Marketing-Agentur, die versucht, Nerds aufzureißen. Überhaupt: Die haben keine Ahnung, sind nicht authentisch und was so alles kommt, wenn man sich mit intelligenten, aber überkritischen Nerds einlässt.

Claudius grinst: »Da wir aber offen kommunizierten und jeden Blödsinn (auch krasse Fehler und Probleme) veröffentlichten und es ja nur Spaß war, haben wir uns da auch drauf eingelassen (unter anderem mit dem Etikett ›We feed the Trolls‹). Freitags konnte man uns im Büro besuchen und mit uns plaudern oder Mate kaufen. Unter anderem haben wir auch Kritiker eingeladen oder mit ihnen gechattet und telefoniert. Erstaunlicherweise stehen wir mit denen jetzt in gutem Kontakt und sie trinken auch mal 1337mate. Weil wir doch sehr eindrucksvoll belegen konnten, keine Werbeyuppies zu sein, sondern Generation C64 mit 4Chan-Kompetenz.«

Das alles passierte im Sommer 2010, und das war auch die Zeit, in der auf einmal Händler anriefen, weil sie von 1337mate gehört oder gelesen hatten, und Uwe Lübbermann von *Premium Cola*, ein alter Bekannter, der früher sogar eine Bürogemeinschaft mit Claudius hatte, meldete sich, um seine Hilfe für den Vertrieb anzubieten.

Bei 1337mate merkte man – auch weil die 17 Paletten schon wieder vor Ende 2010 zu Ende gingen –, dass die Geschichte doch langsam ernst wurde. Zeit- und Geldinvestition wurden notwendig. Wie bei jeder Brausebrauerei musste 1337mate ja den Pfand und die Zutaten immer zahlen, obwohl die Ware noch auf dem Hof stand.

Im Herbst 2010 wurde dann alles anders. Zunächst wurde ein bisschen am Rezept gepatcht. Mit der Erhöhung des Koffeingehaltes auf die maximal erlaubte Menge und mit mehr Kohlensäure wurde 1337mate so etwas wie die böse Zwillingsschwester von Flora Power. Aber es gab den festen Plan, ein eigenes Rezept zu entwickeln.

Zusammen mit einem Lebensmittelchemiker wird an einer Rezeptur geforscht, die unter einer CC-Lizenz stehen soll und zumindest für nicht-kommerzielle Zwecke von jedem und jeder nachgekocht werden kann.

1337mate möchte außerdem ein echtes Bio-Getränk anbieten und – inspiriert durch die Module von Premium – einiges im Rahmen von Fair Trade machen. Das ist allerdings im Moment überraschend problematisch. Ein »echtes« Bio-Siegel, so vermutet Claudius, kann es nach derzeitigem Rechtsstand in der EU nicht geben:

Als »Kaudroge« habe es Mate in Europa vermutlich schwer, Biostatus zu bekommen.

Trotzdem kennen die 1337-Macher den Weg ihrer Rohstoffe genau, da sie mittlerweile mit einem Mate-Bauern im direkten Kontakt stehen. Fabricio do Canto, Aktivist der Berliner Piratenpartei und Mate-Händler aus Prenzelberg, baut im südamerikanischen Urwald Yerba-Mate an und bot 1337mate seine Unterstützung an. In der Planung ist auch ein Mate-Café in Berlin-Friedrichshain. Seit Januar 2011 gibt es als Experiment auch erstmals eine Edition mit »wilder Mate«, also grünen, nicht gerösteten Blättern.

Die Etiketten sind mittlerweile (außer in Deutsch) in Polnisch, Englisch und Spanisch beschriftet. In Jugendzentren Polens hat die 1337mate oftmals Club-Mate ersetzt. Vollabfüllungen mit 34 Paletten werden den 1337-Leuten quasi aus den Händen gerissen und sind schon kurz nach Bekanntgabe des Termins an Bestandskunden ausverkauft. Mittlerweile hat 1337mate – ganz wie echte Softwareprojekte – mit Skalierungsproblemen zu kämpfen. Bedingt durch die immer größer werdende Nachfrage kommt es zu Lieferengpässen (im Fachjargon als »Matekalypse« bezeichnet, siehe auch Kapitel 1), unter denen alle Mate-Hersteller leiden. Die Zulieferer für Mate-Extrakt kommen mit der Lieferung von Rohstoffen vielfach nicht nach, denn plötzlich explodiert der Markt, der vorher nur für kleine Kosmetikmengen gedacht war.

1337mate sieht Claudius aber nicht als »Anti-Club-Mate«: »Wir wachsen alle. Club-Mate gibt es eben bundesweit, aber wir profitieren auch. Der Kuchen wird gerade größer und die Kuchenstücke werden neu verteilt.«

Rezensionen

1337mate

Koffeingehalt	25 mg / 100 ml
Zucker	5,3 g / 100 ml
Koffeinpflanzen	Mate

Website	*http:/leetmate.de*
Shortlink	brau.se/3o
Rating	★★★★★
Straßenpreis	1,50 Euro

Die Ankunft der ersten 1337mate-Flaschen feierte yetzt im Sommer letzten Jahres mit einem Unboxing Event (*http://brau.se/n*). Seit diesem ersten Geschmackstest haben die Hamburger Mateproduzenten an der Rezeptur geschraubt. Zeit für eine Reevaluation. 1337mate enthält jetzt 25mg/100ml Koffein statt der bisherigen 18mg/100ml. Macht wacher, schmeckt man aber nicht raus. 1337mate zeichnet sich vom ersten Schnuppern an der Flasche bis zum letzten Schluck durch ein intensives herbes Aroma aus. 1337mate schmeckt immer noch teeiger als Club-Mate, prägnanter und sehr ausgewogen. Der Kohlensäuregehalt spaltet die Gemüter: Es ist deutlich weniger als beim fränkischen Vorbild. Während man Club-Mate auch noch nach einigen Tagen in der wiederverschließbaren Flasche gut trinken kann, dürfte 1337mate schnell abstehen. Viel Kohlensäure ist aber auch nicht jedermenschs Geschmack. Bei der öffentlichen Rede lohnt sich also der Griff zur 1337mate.

Fazit: 1337mate ist keine Kopierkatze. Wenn sich eine Brause Hackerbrause nennen darf, dann ist es 1337mate.

Flora Power

Koffeingehalt	18 mg / 100 ml
Zucker	5,4 g / 100 ml
Koffeinpflanzen	Mate
Website	www.flora-power.de
Shortlink	http://brau.se/1b
Rating	★★★★☆
Straßenpreis	1,20 Euro

Ein Getränk, das jeder mal in die Finger bekommen sollte, ist die Flora Power Mate aus dem Hackerbrausen-Eldorado Hamburg. Diese Mate findet sich überwiegend in Hamburg, und selbst dort gehört sie nicht zum üblichen Inventar der Spätis und Kioske. Auf der Mate-Skala steht sie am herben Ende, denn Flora Power ist noch weniger süß als Club-Mate, auch Kohlensäure ist kaum merklich vorhanden. Der leicht säuerlich-bittere Geschmack nach Mate ist ausgezeichnet, und gut gekühlt ist dieses Getränk genau das Richtige für den heißen Sommer.

Der Koffeingehalt bewegt sich im Mittelfeld, einziges Problem dürfte es sein, dieses Getränk aufzustöbern, aber immerhin gab es Flora-Halbliterflaschen auf dem Chaos Communication Camp 2011.

Flora ist ein wunderbares Getränk, das durchaus den Namen Hackerbrause verdient. Gerade für jene, die sich an der Kohlensäure in Club-Mate stören oder die herbe Bitterkeit von Mate lieben, ist Flora eine prima Alternative.

Zickzack Aktivbrause

Koffeingehalt	Ja
Zucker	Auch
Koffeinpflanzen	Mate
Website	Keine
Shortlink	http://brau.se/1s
Rating	☆☆☆☆☆
Straßenpreis	1,00 Euro

Zickzack Mate-Aktivbrause wird selbstgemacht von nicht näher genannten Getränkeenthusiasten und ist so unkommerziell, dass kein Hersteller, keine Zutatenliste und kein Haltbarkeitsdatum draufsteht. Einzig bekannt ist, dass dieses Getränk eher schnell getrunken werden soll, damit es nicht schlecht wird, aus Dresden kommt und dort für Eingeweihte zu haben ist. Wer sich durch die Imbisse und Spätkäufe der Dresdener Neustadt fragt, hat womöglich Glück.

Die Mate schmeckt nach Mate, mit nicht allzu viel Kohlensäure und ein bisschen, aber nicht übermäßig süßlich. Voll gut. Über den Koffeingehalt und Zutaten gibt es leider nichts zu sagen, die sind gänzlich unbekannt. Ich vermute aber, dass Wasser, Matetee, Zucker und Kohlensäure drin sind. Vielleicht auch ein Hauch Zitrone.

Dem Mate-erprobten Geschmackssinn gefällt's jedenfalls und gegen den Verkaufspreis von einem Euro pro 0,3er-Flasche gibt es keinerlei Einwände.

Makava

Koffeingehalt	6,2 mg / 100 ml
Zucker	5,58 g / 100 ml
Koffeinpflanzen	Mate
Website	www.makava.at
Shortlink	http://brau.se/2r
Rating	★★★☆☆
Straßenpreis	2,00 Euro

Von Makava wird im Hackerumfeld so viel gesprochen, es könnte das nächste große Ding werden. Erster, optischer Eindruck: Die Sonne trinkt Makava durch den Strohhalm und lacht sehr freundlich vom Etikett der 330-ml-Flasche, der Inhalt ist bio und Fair

Trade. Süß. Sieht halt eher niedlich als nach 1337iger Hackerbrause aus.

Aber es ist ja auch keine Brause, denn Makava enthält keine Kohlensäure, sondern kommt als klassisches Eisteegetränk daher. Mit dem Unterschied, dass Makava als Basis den leckeren, herb-frischen Matetee hat, den wir alle so lieben. Der Mate sorgt auch für den Koffeingehalt, der aufgrund des Rooibos und weißen Tees, der ebenfalls enthalten ist, nicht so hoch ist. Das Aroma wird durch Zitronensaftkonzentrat und Limettensaft sowie Holunderblütenextrakt abgerundet. Leicht limettig, herb und trotzdem süß. Eine runde Sache, die insgesamt dann doch schwer an herkömmliche Eistees erinnert. Mit dem Claim *Easy sunny sunshine* :-) ist das eine erfrischende Hippiehackerbrause für alle, die gerne Eistee trinken und auf Belebung nicht verzichten möchten. Besonders empfehlen würde ich Makava zum In-der-Sonne-Liegen und langsamen Runterkommen vom Matehoch nach Konferenzen oder anderen Anlässen. Außerhalb Österreichs ist Makava allerdings bislang nur in Berlin zu finden.

Für Fans der österreichischen Mate-Eistees gibt es auf der Website neben allen notwendigen Infos zu den Bezugsquellen noch ein besonderes Gimmik: Zwei Diplomarbeiten, die die Firmengründer über ihr Produkt geschrieben haben, als PDF.

Club-Mate

Koffeingehalt	20 mg / 100 ml
Zucker	5 g / 100 ml
Koffeinpflanzen	Mate
Website	www.clubmate.de
Shortlink	–

Rating	★★★★★
Straßenpreis	1,00 Euro

Seit mindestens 1924 zu haben und mittlerweile erstaunlich weiträumig erhältlich ist die Mutter aller Hackerbrausen: die Club-Mate.

Doch wie lässt sich Club-Mate, der geschmackliche Nullmeridian der Mategetränke, erklären? Club-Mate schmeckt, kaum erstaunlich, nach Mate. Nicht so bitter wie frisch aufgebrühter Mate-Tee, dünner, leicht süß-säuerlich mit fein herbem Aroma und mit Kohlensäure. Wer noch nie Mate getrunken hat und auch nicht sonderlich erprobt im Teetrinken ist, wird den ersten Schluck irgendwo zwischen ungewöhnlich und scheußlich einordnen. Nur nicht aufgeben, wer die erste Flasche übersteht, möchte oft ein zweite, dritte und dann nicht mehr aufhören. Das ist der sagenumwobene Gewöhnungseffekt, wie er wohl vielen beim Trinken des ersten Schlucks Bier oder schwarzen Kaffees widerfahren ist.

Besonders findige Genießer lassen Club-Mate übrigens bis weit über das Mindesthaltbarkeitsdatum hinaus reifen. Frisch aus der gekühlten Flasche ist Club-Mate jedenfalls so prototypisch, dass sogar der Wikipedia-Eintrag Hackerbrause auf Club-Mate verweist.

Club-Mate Ice Tea Krafstoff

Koffeingehalt	22 mg / 100 ml
Zucker	7 g / 100 ml
Koffeinpflanzen	Mate
Website	www.clubmate.de
Shortlink	http://brau.se/13
Rating	★★★☆☆
Straßenpreis	1,20 Euro

Schon länger auf dem Mark, aber dennoch nicht überall zu bekommen ist das Getränk aus dem Hause Loscher mit dem sperrigen Namen Club-Mate Ice Tea Kraftstoff.

Wer Club-Mate kennt und liebt, wird den ersten Schluck erschreckend süßlich finden. Schmeckt nach Eistee mit Club-Mate, fast vollkommen unbitter und mehr süß als sauer. Nicht unbedingt schlecht, aber eben seltsam. Es schmeckt auch nicht vollkommen anders als gewöhnlicher Mate, aber eben verschieden. Die typische Mate-Bitterkeit ist zwar erahnbar, wird aber von der Sirupsüße übertüncht.

Der Geschmack scheint massenkompatibler, quasi der Geschmack der auf den Markt geworfen worden wäre, wenn die Brauerei vorher eine Marktstudie mit Zielgruppenversuchen gemacht hätte. Gut, dass das nicht passiert ist.

Das Etikettendesign sieht gruselig planlos aus, und ich kann mich des Eindrucks nicht verwehren, dass hier der böse Stiefbruder der Club-Mate vor mir steht. Eine Hackerbrause? Durchaus, aber wohl eher keine Alternative zur originalen Club-Mate. Vielleicht eine Club-Mate für Leute, die Club-Mate partout nicht mögen?

Club Mate Winter Edition

Koffeingehalt	20 mg / 100 ml
Zucker	5 g / 100 ml
Koffeinpflanzen	Mate
Website	www.clubmate.de
Shortlink	http://brau.se/1e
Rating	★★★★☆
Straßenpreis	1,20 Euro

Einfach ist diese Brause nicht erhältlich, da sie nur zur kalten Jahreszeit in geringen Mengen im Handel auftaucht.

Eigentlich wäre zu erwarten, von weihnachtlichem Geschmack erschlagen zu werden. Doch die Brauerei Loscher war wohl doch sparsamer mit dem Weihnachtsgeschmack, als zu befürchten wäre. Ganz dezent winterlich, nach Kardamom, Anis, Zimt und Christkindl schmeckt das Getränk, aber dennoch unverkennbar nach Club-Mate. Voll Prima.

Natürlich schmeckt Weihnachten nicht allen, und so werden sich auch an der Wintermate die Geschmäcker scheiden. Ansonsten soll die Wintermate auch heiß schmecken, was aber ungetestet bleibt. Auf jeden Fall ist die Club-Mate Winter-Edition eine prima Hackerbrause für die Feiertage vor dem Chaos Communication Congress, wie sie aus der Hackerbrausenschmiede Loscher zu erwarten ist.

[1] Dankenswerterweise hat uns die Autorin Kristi* (*http://kristi.blogsport.de/*) die Anleitung zum richtigen Mate-Trinken zum Remixen für dieses Buch zur Verfügung gestellt. Für alle anderen gibt es den Text auf ihrer Webseite unter der Lizenz »Attribution-NonCommercial-ShareAlike 2.5 Generic (CC BY-NC-SA 2.5)«.

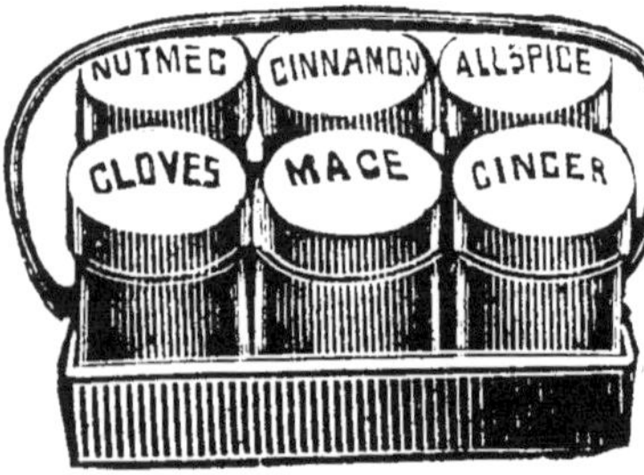

KAPITEL 4
Cola

About Cola

Cola – im Süden Deutschlands, in Österreich und der Schweiz »das Cola«, im übrigen deutschen Sprachraum »die Cola« – ist neben Kaffee und Tee der Klassiker unter den koffeinhaltigen Getränken. Süße Brause aus Wasser, Zucker, Kohlensäure, Phosphor- oder Zitronensäure und Gewürzen. Das Koffein wird künstlich zugesetzt, wenn es nicht aus Pflanzenextrakten wie der Kolanuss, Guarana oder der Matepflanze stammt. Die Kolanuss ist der Samen des tropischen Kolabaums, der vor allem in West- und Zentralafrika beheimatet ist. Das in der Kolanuss gebunden vorkommende Koffein entfaltet seine stimulierende, schmerzstillende und verdauungsfördernde Wirkung heute jedoch nur noch in wenigen Cola-Sorten wie Club-Mate-Cola oder Red-Bull-Cola (siehe auch Kapitel 2). Die meisten Hersteller verwenden heute Koffein, das bei der Produktion von entkoffeiniertem Kaffee abfällt.

Der namengebende Cocastrauch wuchs ursprünglich an den Osthängen der Anden von Peru, Bolivien bis Kolumbien. Heute wird er auch in einigen Teilen Afrikas und Asiens angebaut. Die Geschichte der Cocapflanze ist eng mit dem Kolonialismus verbunden und bis heute ein internationales Politikum. Grund dafür ist selbstverständlich nicht ihr Einsatz bei der Colaproduktion, sondern die berauschende Wirkung des Kokains, das man aus Erythroxylum coca gewinnen kann. Zunächst wurde entkokainiertes Koka verwendet, dann kokainfreie Kokablätter. Die 2008 auf dem Markt eingeführte Red-Bull-Cola sorgte für ein skandalumwittertes Comeback des Coca-Extraktes. Das hessische Landesinstitut für

Abbildung eines Kolabaumes

Gesundheit und Arbeit hatte Kokainspuren gefunden. Grauenvolle 0,4 Mikrogramm je Liter. Das bedeutet: Wer nur neun Dutzend Kubikmeter Red-Bull-Cola trinkt, wird völlig berauscht! Zum Vergleich: Der Grenzwert für Uran im Trinkwasser liegt bei 2 Mikrogramm je Liter. Nie war der Fnord greifbarer. Also untersagte die hessische Lebensmittelaufsicht den Verkauf. Dem Verkaufsstopp schlossen sich drei Bundesländer an, woraufhin das Produkt aus den Regalen nahezu aller Supermärkte und Tankstellen verschwand, bis das zwischenzeitliche Verkaufsverbot im August 2009 nach nur vier Monaten aufgehoben wurde.

In den 1980ern schaltete Pepsi die legendären »Pepsi Test«-Commercials, bei der sich Verbraucher_innen im Blindtest für die leckerste Cola entscheiden sollten. Aber was macht den Geschmack eigentlich aus? Die verschiedenen, weltweit erhältlichen Cola Sorten unterscheiden sich schon aufgrund des verwendeten Zuckers (Rohrzucker, Rübenzucker, Maissirup/HFCS), aber auch das lokale Wasser trägt dazu bei, dass selbst Coca-Cola und Pepsi nicht auf der ganzen

Welt gleich schmecken. Entscheidend ist aber die Zusammenstellung der Gewürze und ätherischen Öle.

Verantwortlich für das jeweils typische Aroma zeichnen Vanille, Zimtöl, Nelkenöl und Zitrone. Einige Hersteller beeindrucken, in dem sie die verwendeten Gewürze auf dem Etikett offenlegen. Dann kommen auch Bestandteile wie Ackerminze, Pinie und Senfsamen zum Vorschein. Die Club-Mate-Cola der Firma Loscher glänzt mit einer Liste von 25 Zutaten, die einem das Wasser im Munde zusammenfließen lassen.

Für die Farbe steht der Zusatzstoff Ammoniumsulfit-Zuckercouleur (E 150d). Das hat eigentlich nichts mit dem Geschmack zu tun. Wie grüner Ketchup verwirrt aber auch farblose Cola die Geschmackswahrnehmung. Versuche, Clear Colas wie Crystal Pepsi auf den Markt zu bringen, die wie Zitronenlimonade oder Mineralwasser aussieht, sind gescheitert.

Apothekergeschichten

Die Zutatenliste der weltweit bekanntesten Cola ist angeblich ein wohlgehütetes Geheimnis. Die Legende will es, dass zu jeder Zeit nur zwei Personen Zugang zu der genauen Zutatenliste haben, die im Hauptsitz der Coca-Cola Company in Atlanta aufbewahrt wird. Tatsächlich muss man aber nicht lange suchen, um auf Versionen des Originalrezeptes von »Merchandise 7x« zu stoßen. Die ursprünglich von John Stih Pemberton (1831-1888) kreierte Brause besteht aus Zucker, Koffein, entkokainisierter Kokablatt-Tinktur, Kolanüssen, Karamell und Phosphorsäure. Dazu kommt eine Aromaessenz, die aus Orangenöl, Zimtöl, Limonenöl, Korianderöl, Muskatnussöl und Neroliöl besteht. Für die amerikanische Radiosendung *This American Life* wurden Lebensmittelchemiker beauftragt, die Coca-Cola nach einem in den 1970er Jahren aufgetauchten Rezept nachzubrauen. Das Ergebnis schmeckte fruchtig und ziemlich medizinisch. Eine Erklärung dafür ist, dass die Intensität der Essenzen heute aufgrund moderner Verfahren höher ist. Schwächt man diese chemisch ab, kommt man an den heutigen Geschmack von Coke nahezu heran

Das angebliche Ur-Rezept

Die Zutaten für 2,5 Gallonen Cola (entspricht 9,46 Litern) lauten:

- 1 Unze Koffein-Citrat (ca. 29,6 ml)
- 1 Unze Vanille-Extrakt
- 2,5 Unzen Essenz
- ausreichend Karamell (abgeleitet aus einem anderen Rezept sind es 92,5 g)
- 4 Unzen F.E. Coco (Kokablatt-Extrakt)
- 3 Unzen Zitronensäure
- 1 Quart Limonellensaft (entspricht 946,35 ml)
- 30 lbs Zucker (16,6 kg)
- 2 Gallonen Wasser
- Für die Essenz benötigt man:
- 80 TL Orangenöl
- 120 TL Limonenöl
- 40 TL Muskatnussöl
- 40 TL Zimtöl
- 20 TL Korianderöl
- 40 TL. Neroliöl
- 1 Quart Alkohol (dient zur Herstellung der Essenz)

nach *Mark Pendergrast (1993): For God, Country, and Coca-Cola. The Unauthorized History of the Great American Soft Drink and the Company that makes it*

Der Apotheker Pemberton, selbst nach einer Kriegsverletzung morphiumabhängig, hatte zunächst ein französisches Vorbild nachgeahmt und einen »Coca-Wein« – Rotwein versetzt mit einem Extrakt aus Kokablättern – verkauft. Als *Pamberton's French Wine Coca* der Prohibition zum Opfer fiel, entwickelte er den »Soft drink« Coca-Cola. Ab 1886 konnte man in einer Apotheke in Atlanta, Georgia, das süße, mit kohlesäurehaltigem Wasser versetzte Getränk erwerben. Damit ist Pemberton mit seiner Coca-Cola wahrscheinlich der Erfinder der Cola. Dr. Pepper wurde zwar

1885, also ein Jahr vor der Coca-Cola auf den Markt gebracht. Das Produkt des Pharmazeuten Charles Alderton aus Waco, Texas, ist jedoch streng genommen keine Cola, denn es fehlt die namensgebende Cola-Nuss. Es qualifiziert sich aber allein schon aufgrund der Tatsache, dass es 23 geheime Zutaten enthält, zur Hackerbrause. Und mehr Koffein als Coca-Cola enthält sie auch

Zurück zum Marktgiganten Coca-Cola. Das Geheimnis von Coca-Cola liegt heute nicht mehr im Rezept – und vermutlich auch nicht im herausragenden Geschmack. Nur knapp 11 Prozent unserer hackerbrauseaffinen Umfrageteilnehmer gaben Coca-Cola als ihre Lieblingscola an. Image und Marketing sind also nicht alles, auch wenn kaum eine Firma in dieser Hinsicht der Coca-Cola Company das Wasser reichen kann. Das rot-weiße Logo mit der geschwungenen Kaufmannsschrift ist seit den frühen Tagen der Marke in Gebrauch. Auch auf die stilprägende Idee mit dem dicken, weißbärtigen Santa Claus im rot-weißen Mantel kam die Marketingabteilung schon 1930. Seit den Olympischen Spielen 1928 in Amsterdam tritt Coca-Cola als »Offizielles Erfrischungsgetränk« auf. So auch bei den Spielen in Berlin 1936. Spätestens zu diesem Zeitpunkt war Coca-Cola auch in Deutschland der Durchbruch gelungen. Die Coca-Cola GmbH war es im Übrigen auch, die bedingt durch die Rationierungen im Jahre 1940 ein neues Produkt auf den Markt brachte: Einen »würzigen Trunk von prickelnder Frische« auf Molkebasis, der den Namen Fanta bekam und das erste Produkt des Konzerns neben Coca-Cola war. Heute gehörten Sprite und die Cola-Varianten wie Cola Light, Coke Zero, Cherry oder Vanilla-Coke zu den Kernmarken des Konzerns. Aber auch Bonaqua oder Lift werden von Coca-Cola vertrieben. Spektakulär gescheitert ist der Versuch, Coca-Cola im Jahr 1985 mit einem neuen Geschmack am Markt zu platzieren. Im Zuge des Kampfes gegen Pepsi um die Gunst der Verbraucher erschien es der Konzernleitung damals sinnvoll, die Rezeptur zu ändern und als »New Coke« zu platzieren. Im Blindtest äußerst erfolgreich, scheiterte die New Coke an den konservativen Geschmacksrezeptoren der Kunden. Nach nur drei Monaten kam »Coca-Cola Classic« wieder zurück. »New Coke« wurde noch bis 2002 verkauft. Heute ist sie nur noch auf den pazifischen Inseln Yap und Amerikanisch Samoa erhältlich.

Was das Geheimnis des Erfolges der Coca-Cola Company ausmacht, ist die heute fast weltweite Verfügbarkeit. Zu jeder Zeit und an jedem Ort scheint die nächste Coke nur einen Katzensprung entfernt zu sein. Dafür sorgten Innovationen wie das Sixpack, die Verfügbarkeit an Tankstellen und Zapfanlagen für Kneipen und Restaurants, bei denen der Sirup direkt mit Wasser vermischt wird. Sogar die Getränkedose aus Aluminium geht auf Coca-Cola zurück – sie war in den 1950ern für das Militär entwickelt worden. Die Verfügbarkeit des braunen Muntermachers an der Front war schon im Zweiten Weltkrieg Teil der amerikanischen Strategie im Kampf gegen Hitler. 248 Mitarbeiter wurden zu Offizieren ernannt, um die Versorgung der Truppen sicherzustellen [1].

Wie kaum ein anderes Unternehmen stand Coca-Cola zu Beginn des 21. Jahrhunderts für den sich weltweit ausbreitenden Kapitalismus. Es verwundert somit nicht, dass Coca-Cola bevorzugte Gegnerin von Globalisierungskritikern wurde. Ihnen geht es aber nicht immer nur um den symbolischen Wert der kapitalistischen Einheitsbrause. Neben den gesundheitlichen Gefahren von Zuckerwasser und der Umweltbilanz des Konzerns geht es vor allem um Arbeitnehmerrechte und den Umgang mit Gewerkschaften. In Kolumbien wird der Coca-Cola Company vorgeworfen, hinter Entführungen, Folter und Mord an Gewerkschaftsführern durch paramilitärische Einheiten zu stehen. Die Gewerkschaft SINALTRAINAL vertritt die Arbeiter und Arbeiterinnen von kolumbianischen Abfüllern im Kampf um angemessene Löhne. In den Mordfällen scheiterte SINALTRAINALs juristisches Vorgehen gegen Coca-Cola und die kolumbianischen Abfüller. Die »Campaign to stop killer coke« setzt sich für einen Boykott von Coca-Cola ein und fordert vom Konzern, sich mit den Anschuldigungen auseinanderzusetzen und den Opfern und ihren Familien zu helfen.

Das Image von Coca-Cola hat nicht nur Protest und Boykottversuche nach sich gezogen. Auch anti-imperalistische Alternativen haben längst den Cola-Markt erreicht. Am bekanntesten dürfte die von französischen Muslimen kreierte *Mecca-Cola* sein. Sie wirbt mit dem Slogan *Ne buvez plus idiot, buvez engagé* (»Trinken Sie nicht mehr dumm, trinken Sie engagiert!«) und kämpft für ein freies Palästina. Cola ist zur Message geworden.

WARNUNG

In spanischsprachigen Ländern immer »Coca« bestellen. »Cola« heißt nämlich »Schwanz«.

Afri-Cola

Die Geschichte der deutschen Version einer koffeinhaltigen Brause nahm ihren Anfang vor etwa eineinhalb Jahrhunderten im Rheinland. 1864 entstand am Kölner Holzmarkt die F. Blumhoffer Nachfolger GmbH, die sich in der Produktion von Essenzen zur Herstellung von Schnaps, Likören und Limonaden versuchte. Doch mit den Alkoholika scheint es nichts geworden zu sein, denn um die Jahrhundertwende bestand das Produktsortiment bereits nur noch aus Limonaden.

Im Jahr 1931 und unter dem Eindruck der weltweiten Rezession übernahm der 26 Jahre alte Unternehmer Karl Flach das Ruder der Firma. Flach hatte zuvor auf einer Reise in die USA Coca-Cola und Kapitalismus kennengelernt. Unter ihm entwickelte der Limonadenhersteller eine eigene Cola, die nach ihrer Zutat, der afrikanischen »Cola-Bohne« benannt wurde.

TIPP

Kolanüsse sind gar keine Bohnen. FAIL!

Als Symbol dient die noch heute unverwechselbare 23-eckige weiße Palme. Völlig untypisch für diese Zeit wurden weltweit Markenrechte gesichert [2] und die Herstellung per Franchise organisiert. Das führte zunächst zum Erfolg der deutschen Brause.

Unter der Herrschaft der Nationalsozialisten und nachdem Coca-Cola im Zuge der Olympischen Spiele 1936 in Berlin Afri Marktanteile abnehmen konnte, wurde auch Afri-Cola mit antisemitischen Ressentiments beworben und Coca-Cola als jüdischer Konzern hingestellt; Kronkorken der amerikanischen Konkurrenz mit der Aufschrift »Kosher« mussten als Beweis dafür herhalten, Coca-Cola als jüdisch-amerikanisches Unternehmen unter der Leitung von Harold Hirsch zu denunzieren. Max Keith, Vertreter von Coca-Cola in Deutschland und ein Sympathisant des Nationalsozialismus, versuchte erfolglos, Harold Hirsch, ein jüdisches Mitglied des Aufsichtsrates der Konzernmutter, entfernen zu lassen. 1942 wurde die Produktion von Coca-Cola in Deutschland, auch aufgrund der kriegsbedingten Rohstoffknappheit, ganz eingestellt. Anders bei der nationalsozialistischen Konkurrenz: Obwohl die Produktionsstätte von Afri-Cola in Köln während des Krieges insgesamt sechsmal zerbombt wurde und die benötigten Zutaten schwer zu beschaffen waren, wurde die Produktion aufrechterhalten.

Auch nach dem Ende des zweiten Weltkrieges unter alliierter Besatzung hatte es Afri zunächst schwer, da die amerikanische Verwaltung Coca-Cola in der Zuteilung von Produktionslizenzen den Vorzug gab. Mit dem Einsetzen des Wirtschaftswunders ab den fünfziger Jahren und der neuen Limonade namens Bluna stabilisierte sich die Lage zwar etwas, aber der mächtige Konkurrent Coca-Cola konnte sich die meisten Marktanteile sichern.

Ab den sechziger Jahren wurde der Markenauftritt überholt. Die neue Flaschenform des Designers Professor Jupp Ernst, die Herausstellung des hohen Koffeingehaltes und später schließlich die zu dieser Zeit provokanten avantgardistischen Werbespots von Charles Wilp unter dem Claim *Sexy-mini-super-flower-pop-op-cola – alles ist in Afri-Cola* gaben Afri einen völlig neuen Anstrich, zogen bittere Empörung auf sich und gewannen nicht zuletzt Marktanteile. Die einstige Nazibrause wandelte sich zum Kultgetränk der Achtundsechziger.

> *Die Afri-Cola-Lust. Die Erde ist ein Paradies mit Afri-Cola. Lustvolle Gefilde Afri-Cola-hungriger Gefühle. Die Frau wird Frau und frei. Girl-Power, Frauen-Lib, und Männer-Freiheit. Heirat oder Nicht-Heirat – das ist nicht mehr die Frage. Afri-Cola. Die Augen erzählen der Welt, dass sie verliebt sind. Afri-Cola. Menschen, die bewusst ihre Zeit genießen. Bei vollem Verstand. Wach und mobil mit Afri-Cola. Coffee, tea or Afri. Trink mich. Sexy-mini-super-flower-pop-op-cola. Afri-Cola. [3]*

In den darauf folgenden Jahren dümpelte Afri so vor sich hin. Zwar war Afri weiterhin die einzige unabhängige Alternative zu Coca-Cola und Pepsi, büßte aber immer weiter Marktanteile ein und wurde in den achtziger Jahren schließlich zum Nischenprodukt. 1988 übernahm Alexander Flach das Unternehmen von seinem Vater. Afri konzentrierte sich auf die aufkommende Techno-Kultur, konnte aber nicht mehr an alte Erfolge anknüpfen. Die Produktion wurde vollständig auf Franchisenehmer ausgelagert, was der Qualität der Brause nicht besonders zuträglich war. Versuchsballons wie die 1995 eingeführte Afri-Guarana scheiterten und verschwanden bald darauf wieder vom Markt.

Ende der neunziger Jahre wurde die Marke Afri schließlich an die Mineralbrunnen Überkingen-Teinach AG veräußert, die schon die Marke Bluna übernommen hatte. Die Überkinger änderten das Rezept zu einer süß-pappigen koffeinreduzierten Massengeschmacksplörre in der langweiligen Normbrunnenflasche, was das Ende der originären Afri bedeutete. Dem erhofften Verkaufsmotor Kultstatus war dies nicht besonders zuträglich; die User rannten in Scharen davon und der Erfolg beim Massenpublikum stellte sich nicht den Erwartungen der Product Geniuses entsprechend ein. Eine Handvoll königstreuer Afri-Liebender gründeten gar die Interessengruppe Premium, [5] die versuchte, den originalen Geschmack zurückzubekommen, sich aber schließlich von Afri abwandte und eine eigene Premium-Cola nach fast dem Originalrezept abfüllen ließ. [4]

TIPP

Wegen der Rezeptänderung kam es sogar zur »Geiselnahme« eines Afri-Managers durch die Interessengruppe Premium, allerdings nur mit Wasserpistolen. Forderungen wurden leider nicht erfüllt.

Erst seit 2006 wurde die Zucker- wieder zur Koffeinbombe, allerdings auch nicht ganz nach dem Originalrezept. Seitdem enthält Afri wieder die bewährten 25 mg / 100 ml Koffein. Mit einer zuckerfreien Variante und einem Energy-Drink wurde Ende der nuller Jahre das Sortiment erweitert, mit dem erstmaligen Verkauf in der Dose allerdings auch die Glasflaschentradition gebrochen.

Trotz der bewegten Geschichte ist Afri heute eine durchaus trinkbare, gut erhältliche und günstige Hackerbrause jenseits des geschmacklichen Mainstreams. Auch die fatalen Fehlentscheidungen der Vergangenheit haben ihr Gutes, waren sie doch die Initialzündung für die Entstehung der prototypischen, kollektiv organisierten Premium-Cola und somit der heute existierenden Vielfalt an koffeinhaltigen Getränken aller Couleur.

Premium-Cola: Ein Soft-Drink mit Betriebssystem

Die unabhängige Brause mit Geschäftssitz in Hamburg arbeitet mit einem ganz besonderen Betriebssystem. So bezeichnet Premium sein von Unabhängigkeit, Demokratie und Transparenz geprägtes alternatives Wirtschaften auf dem Getränkemarkt. Das Kernprinzip von Premium lautet: Entscheidungen werden potentiell von allen Stakeholdern im Konsens beschlossen. Offizieller Inhaber von Premium ist Uwe Lübbermann. Der aber lässt sich sehr gerne reinreden.

Hackerbrause ist für mich eine Grundhaltung, unabhängig von Technik. Wir hacken z. B. die Wirtschaft mit unserer Brause. Eine Hackerbrause ist für mich ein Treibstoff, mit dem man den Status quo analysieren und öffnen / besser machen kann, sei es jetzt direkt mit dem Produkt oder mit der (Koffein-) Wirkung. Prost! (Uwe Lübbermann, Premium-Cola)

Ein Grund für den relativen Seltenheitswert von Premium, die meist als 0,33-l-Flasche mit schlichtem schwarzen Etikett und weißem Deckel verkauft wird, ist die genaue Auswahl der Verkaufsstellen: Die Mitglieder des Premiumkollektivs überprüfen Kneipen und Verkaufsstellen und fragen zum Beispiel, ob die Leute am Tresen zu fairen Bedingungen arbeiten. Premium ist unabhängig von großen Handelsketten, die in der Lebensmittelindustrie allzu oft die Bedingungen diktieren.

Um kleine Händler, die den Transport übernehmen, zu fördern, gibt es einen branchenuntypischen Anti-Mengenrabatt, hinter dem eine für Premium typische, klug ausgetüftelte Überlegung steht: »Großhändler lassen größere Mengen fahren und verdienen daher je Einheit mehr als kleine Händler. Das ist auch o.k. so, sie machen ja mehr – einen zusätzlichen Mengenrabatt brauchen sie dann aber nicht mehr. Im Gegenteil, kleine und neu einsteigende Händler mit höheren Belastungen pro Einheit brauchen einen Anti-Mengenrabatt, um auf vergleichbare Spannen zu kommen. Übertreiben darf man das jedoch nicht, sonst fahren zig kleine Händler jeweils separate Touren. Der Anti-Mengenrabatt muss daher so fein eingestellt werden, dass neu einsteigende und kleine Händler ausreichend unterstützt werden, aber eben nicht zuviel (*http://www.premium-cola.de/betriebssystem/oekonomie/198-modul-anti-mengenrabatt*). Die Wirtschaft zu hacken bedeutet eben, das gesamte System in seine Komponenten zu zerlegen, zu verstehen und zum Besseren zu patchen.

Premium-Cola macht keinen Profit. Statt auf schnelles Wachstum setzt man auf gute Bedingungen für alle Beteiligten. So verrät Uwe Lübbermann im Gespräch mit der Zeitschrift *Biorama*, wie die 2 Euro, die eine Flasche den Endverbraucher zum Beispiel beim Imbiss »Lüttn Grill« in Hamburg kostet, sich verteilen: Nur 6,6 Cent kosten die Zutaten. Die restlichen 1,934 Euro werden unter den Menschen verteilt, die mitarbeiten. »Und es gibt keinen Grund, irgendjemanden davon schlecht zu behandeln.«

Die Open-Franchise-Idee hat Premium in ein Betriebssystem gegossen, das aus den Elementen Soziales, Ökologie und Ökonomie sowie Transfer und Schutz besteht. Liest man sich die einzelnen Teilmodule durch, wird schnell klar: Alles hängt mit allem zusammen. Das schlichte Etikett ist nicht nur Style, sondern umweltfreundlich. Die Zusammenarbeit im Kollektiv erfordert es nicht nur, sich Gedanken über Transparenz zu machen, sondern auch Datenschutz spielt bei Premium eine Rolle.

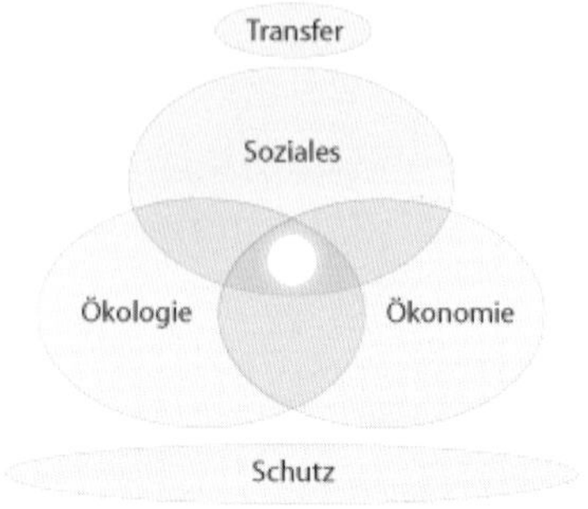

Open-Francise-Betriebssystem von Premium (https://www.premium-cola.de/betriebssystem)

Produktion, Logistik und Handel werden von selbstständigen Profis übernommen, die Teil des Premiumkollektivs und somit stimmberechtigt sind. Alle Entscheidungen rund um das Projekt trifft eine Mailingliste mit derzeit über 100 Teilnehmer_innen nach dem Konsensprinzip. Kommt der neue Anbieter mit ins Boot? Wie hoch sind die Löhne, die die einzelnen Kollektivmitglieder für ihre jeweilige Arbeit erhalten? An welche Organisation geht der Umweltcent, den Premium von jeder Flasche abgibt? Bei den konsensdemokratischen Entscheidungen des Premiumkollektivs haben alle, die mit dem Produkt zu tun haben, Stimm- und Vetorecht – auch die Endkunden, denn die finanzieren das ganze System am Ende, indem sie Premium-Cola kaufen. Das mag alle, die schon mal in größeren WGs gelebt haben, skeptisch stimmen. Aber es funktioniert: Premium feiert im November 2011 seinen zehnten Geburtstag, ist schuldenfrei und kann mit einen Wachstum von 50 Prozent pro Jahr aufwarten. Die Produktpalette wurde in der Zwischenzeit um das Bioland-zertifizierte Premium-Pils und Kaffee, der bequem per Abo nach Hause kommt, erweitert.

TIPP

Von Premium kann man auch in Sachen Mailinglistenverwaltung lernen. »Wir werfen einmal pro Jahr alle aus der Liste und tragen dann nur die wieder ein, die das noch wollen«, erzählt Uwe Lübbermann, »Im Moment sind es rund 110 Mitlesende/Mitdiskutierende, rund 600 wirtschaftlich Beteiligte wie Lieferanten, Händler, Gastronomen, Spediteure usw., und natürlich nicht zu vergessen einige zehntausend Endkunden. Alle Genannten können in die Mailingliste, tatsächlich nutzen das aber nur wenige. Relativ wenige, denn auch mit gut 100 Leuten kann es noch heiß hergehen.«

Das wiederum inspiriert andere Getränkemarken wie Skull und 1337mate, die Teile des Premium-Betriebssystems übernommen haben. Im Zeichen der Kooperation steht auch der Verband korrekter Getränkehersteller e.V., zu dem sich verschiedene Hersteller zusammengeschlossen haben. Wenn es nach Premium geht, muss es eben nicht in einem erbitterten Kampf um die Kunden gehen: Nebenbei organisiert Premium das komplette System für Mojo-Cola und Cost-Rica-Cola, hilft den Jungs von 1337mate beim Aufbau und berät neue Brausemarken bei der Gründung. Man teilt sich Außendienstler, organisiert gemeinsame Lieferungen und achtet darauf, sich nicht auf die Füße zu treten.

Auf die Frage, wie er sich die rasante Entwicklung auf dem deutschen Softdrinkmarkt erklärt, antwortet Uwe Lübbermann:

> *Jede/r Dussel kann heutzutage ein Getränk gründen. Das sieht man ja an uns :-) Die gesellschaftlichen Ursachen sind meines Erachtens vielfältig. Freierer Zugang zu Informationen, kritische Sichtweise auf ›normale‹ Wirtschaft und deren Produkte, Bionade als Vorreiter bzw. Wege-Ebner und so weiter. Viele Gründungen werden aber auch wieder eingestellt oder fristen ein beachtungsloses Dasein. Auch kapitale Orga-Fehler sind nicht selten. Ich glaube, die Zahl der Gründungen wird noch weiter zunehmen, aber dadurch werden neue Produkte auch inflationär und müssen zusätzliche Mehrwerte bieten, um dauerhaft bestehen zu können.*

Hinter der Kooperation mit anderen Getränkeherstellern steht das Ziel, das Betriebssystem – also die alternativen wirtschaftlichen Prinzipien – von Premium zu verbreiten. Für das Teilen von Wissen und Erfahrung verlangt Premium-Cola als Gegenleistung nur, dass auf der Homepage des neuen Produktes stehen muss, dass Premium-Cola bei der Gründung geholfen hat. Dies gilt auch für punktuelle Unterstützung in der Gründungsphase, sofern Zeit da ist und anfallende Kosten für die Anreise ersetzt werden. Für regelmäßige Hilfen bei der Struktur, also z. B. beim Aufbau des Händlernetzes oder bei der Buchhaltung, geht ein Anteil (1-2 Cent) pro Flasche des neuen Getränks an Premium, wenn Premium die gesamte Struktur übernimmt, wird der Anteil größer. Premium behält sich dabei selbstverständlich vor, nicht jedem (kommerziellen) Produkt zu helfen.

Wer gerne Premium-Cola in seiner Lieblingskneipe oder im Imbiss um die Ecke trinken würde, kann unter die »Tippgeber_innen« gehen und eine E-Mail an Premium schreiben. Ausgestattet mit Infos von Premium und Probeflaschen können »Starter_innen« aber auch direkt bei den entsprechenden Läden Überzeugungsarbeit leisten. Zum Dank bekommen sie eine Kiste Premium spendiert. »Sprecher_innen« übernehmen dann die regelmäßige Betreuung vor Ort und erhalten als Lohn für die Kundenpflege ein paar Cent pro verkaufter Flasche. Infos dazu findet ihr auf der Premium-Website unter *https://www.premium-cola.de/kollektiv/mitmachen*.

Jolt-Cola: »The soft drink of the elite hacker«

Im Sommer 1993, kurz nachdem die ersten Versionen des damals noch brandneuen Linux-Kernels netzwerkfähig geworden waren, fand in Holland das erste Mal ein Zeltlager für Hacker statt. Im Süden des Weilers Lelystad, auf dem Campingplatz Larserbors, hatten sich Geeks, Nerds, netzpolitisch Bewegte und Hacker (»het samenraapsel van computerkrakers, politiek activisten en technofreaks«) versammelt, um eine Woche lang an der frischen Luft den kreativ-kritischen Umgang mit Technologie zu üben und nebenbei das größte Freiluftnetzwerk zu bauen, das jemals für nicht-militärische Zwecke aufgebaut wurde. Mit dabei war auch eine damals recht neue Hackerbrause, die in Europa fast niemand kannte: »An der Wand hängt ein Werbeposter von Jolt, einer amerikanischen Colamarke, die sich selbst mit den Worten bewirbt: ›Twice the caffeine, all the taste‹. Das Ding ist bei jedem echten Hacker, der etwas auf sich hält, äußerst beliebt. ›Für unsere Party hier haben wir extra eine Ladung aus den Vereinigten Staaten einfliegen lassen‹, gibt [der Organisator] Rop Gonggrijp fröhlich zu Protokoll«, beschrieb damals die niederländische Tageszeitung De Volkskrant die Szenerie. Gehackt wurde mit der Hackerbrause natürlich auch. Das Volxküchen-Kollektiv »Rampenplan«, das das Catering für den Hacker-Zelturlaub übernommen hatte, zauberte in Anlehnung an die holländischen Pannekoeken mit der Cola ihre unvergesslichen »Jolt Pancakes«.

Jolt ist zumindest durch seine Medienpräsenz ein guter Kandidat für die prototypische Hackerbrause. Jolt-Cola war im Film *Jurassic Park* von Steven Spielberg zu sehen: In einer Szene war der Arbeitsplatz des Programmierers Dennis Nedry mit Jolt-Flaschen und -Dosen regelrecht zugemüllt. In dem Film Hackers (mit Angelina Jolie) taucht Jolt gleich in mehreren Szenen auf; in der filminternen Fernsehshow im offenen Kanal preisen die beiden Hacker-Darsteller Razor und Blade die Brause explizit als Getränk der Elite an. Product-Placement von Jolt gibt es unter anderem in Filmen wie *Deep Impact*, *Cops and Robbersons – Das haut den stärksten Bullen um*, *Gremlins II: Die Rückkehr der kleinen Monster*, *Men at Work*, *11:14*, *Stichtag – Due Date* und *Looney Tunes: Back in Action*. Keine andere Brause wurde so häufig eingesetzt, wenn es begleitend zu wild flackernden 3D-Animationen zu symbolisieren galt: Hier hacken die Spezialexperten

Mittlerweile gibt es Jolt zumindest in der originalen Form nicht mehr in Europa. Im Herbst 2009 meldete die Jolt Co. Inc., die zuletzt die Marken- und Vertriebsrechte der Brause innehatte, Konkurs an. Die Beerdigung des Softdrinks fand stilgerecht auf einem Großevent statt: Die letzten Exemplare wurden auf der DreamHack im schwedischen Jönköpping versteigert. Dort bezahlte ein schwedischer »Nörd« für die letzte Kiste 900 Kronen – immerhin über 4 Euro pro Dose – während mit 12.754 Computern im lokalen

Netz und 13.608 Besuchern ein neuer Weltrekord für die größte LAN-Party ins Guinessbuch eingetragen werden konnte. Nach 2009 wurde die Marke in den USA für Energy-Drinks benutzt, die ursprüngliche Cola aber war Geschichte.

1985 wurde Jolt-Cola in New York als besonders koffeinhaltige Cola auf den Markt gebracht und an Studenten als Wachmacher vermarktet. Zunächst warb man mit dem Slogan »All the sugar and twice the caffeine«. Nachdem man (wie praktisch alle Softdrinks in den USA) auf den weitaus billigeren, weil extrem subventionierten High Fructose Corn Syrup statt Zucker als Süßungsmittel umgestiegen waren, änderte sich der Spruch in »All the flavor and twice the caffeine«.

Neben der originalen Cola gab es mehr oder weniger originelle Varianten wie »Cherry Bomb«, »Citrus Climax«, »Orange Blast«, »Red Eye« und »Electric Blue«, die später auch in einer neuen, an Batterien erinnernden Dosenform vertrieben wurden. Ab 2003 gab es auch Kaugummis der Marke Jolt (»Chew More, Do More«) mit den Geschmacksrichtungen Spearmint und Icy Mint.

Nicht nur eine Hommage, sondern die mehr oder minder offizielle Nachfolgerin der legendären Jolt-Cola hört auf den Namen Volt-Cola und wird vom ehemaligen Jolt-Importeur, der Klaus Dörrenhaus Marketing (KDM) aus Köln, vertrieben (siehe auch »Rezensionen« auf Seite 35).

Cola made in GDR

In der Bundesrepublik stand Coca-Cola für Wirtschaftswunder, Wohlstand und Westanbindung. Dies war natürlich kein Grund für den real existierenden Sozialismus, auf die aufmunternde Brause zu verzichten. Der zweite Fünfjahresplan ab 1959 sah vor, die Versorgung der DDR-Bevölkerung mit alkoholfreien Getränken zu verbessern. Im Auftrag des Ministeriums für Lebensmittelindustrie kreierte Hans Zinn, Abteilungsleiter Essenzen der Chemischen Fabrik Miltitz, eine Cola mit intensivem Zitronengeschmack, der auf Zitronensäure und Zitrusöle zurückgeht. Vita-Cola erfreute sich großer Beliebtheit im Arbeiter- und Bauernstaat. Nach der Wende verschwand sie für kurze Zeit aus den Regalen, wurde aber 1994 wieder eingeführt. In den ostdeutschen Bundesländern ist sie hinter Coca-Cola die am zweithäufigsten gekaufte Cola noch vor Pepsi, in Thüringen sogar die Nummer Eins. Während das Rezept von Vita-Cola heute noch dem Original entspricht, hat die Club-Cola von heute nichts mehr mit dem Produkt made in GDR zu tun, das 1966 auf der Leipziger Frühjahrsmesse erstmals vorgestellt wurde.

Asco Cola

Auf hacker.brau.se schreiben wir wirklich nur über Getränke, die wir selbst probiert haben. Trotz zahlreicher Warnungen von Menschen, die es wissen müssen, hat sich yetzt also getraut und eine Flasche Asco-Cola verkostet.

»Asco-Cola war eine der wenigen Colasorten, die es in der DDR gab. Noch heute wird laut Aufdruck das Originalrezept aus sozialistischen Zeiten verwendet. ›Das ist Kult‹ liest sich das Flaschenettikett verheißungsvoll, doch ob die Brause auch schmeckt?

Nein. Es schmeckt etwa wie schlecht gewordene Multivitaminbonbons mit Dosenmilch. Gruselig. Widerlich. Ich kann die Flasche nicht austrinken, wo ich doch auch sonst vor nichts zurückschrecke. Definitiv keine Hackerbrause.

Wer aber mal die ungeliebte Westverwandtschaft dazu bewegen möchte, das Gesicht qualvoll zu verziehen und schnellstmöglich einen Ort für orale Entleerung aufzusuchen, für den sind 0,39 Euro für die Halblitereinwegplasteflasche Asco-Cola eine gute Investition.«

Cola-Misch-Spezialitäten

Auch Cola-Misch-Getränke sind nichts Ungewöhnliches, der klassische Cola-Mix aus Cola und Orangen- oder Zitronenlimonade ist ein No-Brainer auf jeder Getränkekarte. Die neue Generation von Cola-Produzenten geht aber auch hier neue Wege. Als herausstechende Spezialität zu nennen wären die Guarana-Colas, wie sie im Bioladen als Voelkel BioZisch anzutreffen sind. Mittlerweile auch ein geschmacklicher Klassiker sind Kaffee-Colas, zu finden in den

Sortimenten von fritz-cola, Hausmarke und Piranja-Cola. Hausmarke ist im Innovationsdschungel auch schon einen Schritt weiter und bietet ein Cola-Lakritz-Getränk. Nicht zu vergessen sind Colas mit Chili-Einlage, wie sie von Piranja-Cola und, in verschiedensten Härtegraden, von Cola Rebell zu bekommen sind.

Die Ergebnisse unserer Umfrage

Bei einer Hackerbrause-Umfrage mit 353 Teilnehmer_innen ging die Club-Mate-Cola aus dem Hause Loscher als absoluter Favorit unserer kundigen Anhängerschaft hervor. Auf den Plätzen zwei

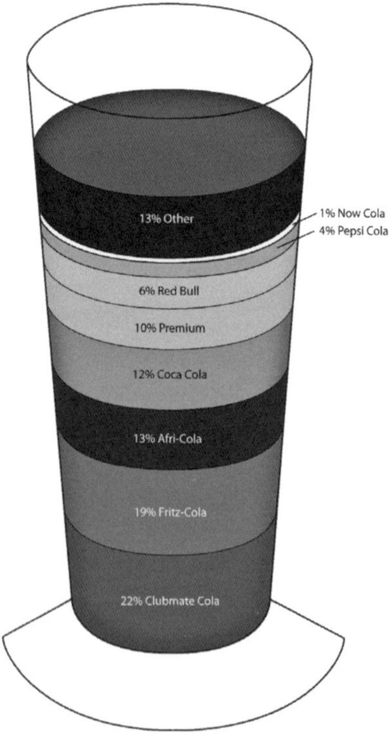

und drei finden sich Fritz- und Afri-Cola. Wie sehr die Vielfalt an erhältlichen Colas geschätzt wird, zeigt auch, dass die »sonstige« Option trotz der 10 vorgegebenen Antwortmöglichkeiten am vierthäufigsten geklickt wurde. Hier fanden sich vor allem die Fans der im Osten Deutschlands verbreiten Vita-Cola wieder, die sich durch einen angenehm zitronigen Geschmack von der Konkurrenz abhebt.

Rezensionen

Club-Mate Cola

Koffeingehalt	12 mg / 100 ml
Zucker	10 g / 100 ml
Koffeinpflanzen	Mate, Kolanuss, Tee, Kaffee
Website	*http://www.clubmate.de/*
Shortlink	*http://brau.se/1h*
Rating	★★★★★
Straßenpreis:	1,30 Euro

Zwei epische Getränke werden verheiratet: Club-Mate und Cola. Herausgekommen ist ein wunderbares, wohlschmeckendes und tiefschwarzes Gebräu mit dem naheliegenden Namen Club-Mate-Cola.

Sie schmeckt einfach, wie Cola schmecken muss, nach all diesen wunderbaren Gewürzen und Zutaten, die in anderen Colasorten als geschmacksgleichgeschalteter Getränkegrundstoff keine Erwähnung finden: Zimt, Kardamom, Ingwer, Nelken, die traditionellen Orangenblüten und viele andere wunderbare Zutaten stecken im nicht sehr geheimen »Geschmacksgeheimnis« (*http://www.clubmate.de/cws/club-mate-cola/natuerliches-geschmacksgeheimnis.47.html*) Nicht pappensüß wie eine Mischung aus Farbstoff und Zucker, sondern so und nicht anders kann eine Cola schmecken, die den Namen Club-Mate trägt. Für die werbeaussagengeschädigten Dreigradtrinkenden sei gesagt: Nicht allzu unterkühlt kommt der Geschmack noch ein wenig besser heraus.

Der Koffeingehalt entspricht leider nur durchschnittlichen 12 mg / 100 ml, aber Kreation aus dem Hause Loscher hat auf jeden Fall das Zeug dazu, neben der traditionellen Club-Mate ein etablierter Bestandteil der Bildschirmarbeiterkultur zu werden.

Fritz vs. Hermann

	fritz kola	fritz kola-kaffee	Hermann Cola	Hausmarke Cola-Kaffee
Koffein-gehalt	25 mg / 100 ml;	25 mg/ 100 ml	25 mg / 100 ml	24 mg / 100 ml
Zucker-anteil	10,5 g / 100 ml	10,6 g / 100 ml	10,5 g / 100 ml	
Koffein-pflanzen				Guarana
Websites	*http://www.fritz-kola.de/*		*http://hermann-kola.de/*	*http://hausmarke-limona.de/*
Short-links	*http://brau.se/1i*	*http://brau.se/w*	*http://brau.se/1i*	*http://brau.se/w*
Rating	★★★★★	★★★★★	★★★★★	★★★★☆
Straßen-preis	1,20 Euro	1,20 Euro	1,20 Euro	1,30 Euro

Beide machen Kola, beide machen Limo und von beiden gibt es eine Cola mit Kaffee-Geschmack, beide gibt es in der Longneckflasche, beide reizen den Koffeinspielraum aus. Beide bedienen sich eines Vornamens, der eine klingt mehr nach Preußen, der andere mehr nach Kleinbürgertum. Willkommen beim Brausen-Battle: Fritz-Kola gegen Hermann-Kola. Der direkte Vergleich fällt gar nicht so leicht, denn die beiden Getränke sind sich verdammt ähnlich. Die Färbung ist nahezu identisch, Fritz riecht beim Öffnen ein bisschen intensiver, dafür ist bei Hermann gefühlt ein wenig mehr Kohlensäure drin, denn der Deckel fliegt weiter. Geschmacklich liegen die beiden falschen Geschwister eng beieinander, Fritz schmeckt ganz leicht mehr nach Zitrone und Karamell, Hermann ein wenig mehr nach purer Cola. Beide prima. Im Geschmack liegen die beiden gleichauf, hier muss also die geneigte Konsumentin wohl ihre eigene Vorliebe finden.

Die beiden puren Colas sind zwei Hackerbrausen, wie sie im Buche stehen. Aber wie sieht es mit den Kaffee-Colas von Fritz und Hermann (Hausmarke-Cola) aus?

Hausmarke schmeckt ein wenig herber und weniger süß, eine Guarana-Note ist deutlich herauszuschmecken. Fritz hingegen ist im Vergleich süßlicher und recht lind, ich finde den Geschmack ein wenig runder. Was den Koffeingehalt angeht, hat Fritz die Nase mit 25 mg / 100 ml leicht vorn gegenüber 24 mg / 100 ml bei Hausmarke. Die Verfügbarkeit ist bei Fritz eindeutig höher, Hermanns Hausmarke bekommt man per Versand.

Insgesamt lässt sich sagen, dass Kaffee-Cola eine geniale Komposition ist. Das beste aus zwei Sphären in einer grandiosen geschmacklichen Stimmigkeit. Das Prädikat Hackerbrause haben sich beide verdient.

WARNUNG

Hausmarke hat ein dickes Kohlensäureproblem. Die Flaschen stehen unter Druck und spritzen beim Öffnen alles voll. Das könnte mit dem Postversand zu tun haben. Am besten also die erste Flasche über dem Waschbecken öffnen.

Coelna

Koffeingehalt	25 mg / 100 ml
Zucker	108 g/100 ml
Koffeinpflanzen	–
Website	*http://coelna.de/*
Shortlink	*http://brau.se/34*
Rating	★★★☆☆
Straßenpreis	1,20 Euro

»Cola op kölsch« ist der Spruch, mit dem Coelna beworben wird. Markenzeichen der 0,33-l- Flasche ist der cyanfarbene Verschlussdeckel und die Doppelspitze des Kölner Doms auf dem Flaschenhals. Die Ablagerungen am Boden werden auf der eigenen Webseite mit »bodenständig (typisch kölsche Eigenschaft)« nett umschrieben. Sowohl die Cola an sich als auch das komplette Design (Logo, Flasche, Kästen, Gläser) wurde von den Machern in Eigenarbeit entworfen.

Zum Geschmack: Er wird hauptsächlich durch (den etwas beherzten) Spritzer Zitrone überlagert, weshalb bereits zwei unabhängige Testtrinker eine Ähnlichkeit mit Vita-Cola ausgemacht haben. Ansonsten lässt sie sich am besten mit Kölsch vergleichen, das ebenso flach im Geschmack ist, nicht mit Gewürzen trumpft und durch einen angenehmen Kohlensäureanteil frisch bleibt. Der Koffeinanteil liegt mit 25 mg / 100 ml am oberen Ende der deutschen Produktionsvorschriften für Colas. Kühl auf jeden Fall erfrischend an einem warmen Sommertag! (Rezensiert von Pylon.)

Piranja-Cola

Koffeingehalt	25 mg / 100 ml
Zucker	8,7 g / 100 ml
Koffeinpflanzen	–
Website	*http://piranja-cola.de/*
Shortlink	*http://brau.se/2l*
Rating	★★★☆☆
Straßenpreis	1,50 Euro

»Hauptsach' gudd gess', geschafft hann mir schnell!«, heißt es im schweinchenförmigen Bundesland zwischen Rheinland-Pfalz, Luxemburg und Frankreich. Die kulinarischen Highlights (Dibbelabbes, Schwenker, Lyoner usw.) sind wichtig für die kulturelle Identität der Saarländer_innen. Was Getränke betrifft, zählen neben Mosel-Saar-Ruwer-Wein und Karlsberg Urpils vor allem die Säfte und der Viez (Apfelwein) aus Merzig zu den lokalen Spezialitäten. Es lässt sich also ganz gut leben dort, solange man nicht wach bleiben will. Was Hackerbrausen angeht, sah es bisher schlicht trostlos aus. Club-Mate gibt es fast nirgendwo zu kaufen, von Brausevielfalt hat noch niemand etwas gehört und Afri-Cola geht noch als undergroundiges Hipstergetränk durch.

Dieser Zustand konnte so nicht bleiben, und schließlich sind vor etwas über einem Jahr ein paar Leute in der ehemaligen Stahlhüttenstadt Neunkirchen angetreten, eine coole Cola für die Saarländer_innen zu machen. Piranja-Cola gibt es mittlerweile schon in der 2.0-Version mit verbessertem Geschmack bei verschiedenen Gastronomen, Imbissen und Supermärkten in der Region. Will heißen: Die Pfälzer bekommen auch etwas ab. Und auch wenn die Idee erstmal unters Volk gebracht werden muss, konzentriert man sich nicht nur auf die Standardvariante. Neben einer zuckerfreien Sorte wurden gleich noch die exotischeren Variationen mit Chili- und Kaffeearoma auf den Markt gebracht.

Kommen wir also zunächst zur Variante mit dem schwarzen Etikett und zum quantitativen Faktor Nummer 1 der Hackerbrausebewertung. Der Koffeingehalt von Piranja ist mit 25 mg / 100 ml auf dem hohen Niveau von Premium und Co. In Sachen Geschmack unterscheidet sich die Piranja-Cola aber von der Konkurrenz. Sie ist deutlich weniger süß als viele andere Colas; genau das Richtige also, wenn man dem Zuckerkick nicht soviel abgewinnen kann. Sie ist aber auch etwas weniger aromatisch. Vielleicht, weil Zucker ein Geschmacksträger ist. Vielleicht auch, weil das Aroma nicht so fancy ist wie beispielsweise das der Club-Mate-Cola. Genauere Infos zum Aroma gibt das Etikett auf den niedlichen, etwas gedrungenen 0,33-l-Flaschen leider nicht her. Phosphorsäuerliche Frische dominiert das Geschmackserlebnis dieser Cola, die alles in allem eine solide, schnörkellose Sache ist und das Prädikat Hackerbrause auf jeden Fall verdient.

Now Black Cola

Koffeingehalt	18 mg / 100 ml
Zucker	8,6 g / 100 ml
Koffeinpflanzen	Guarana
Website	*http://drinknow.de/*
Shortlink	*http://brau.se/11*
Rating	★★★☆☆
Straßenpreis	0,90 Euro

Für die Weltverbesserer unter den Hackern lohnt sich beim Einkaufen im Biomarkt auch ein Blick in die Getränkeabteilung. Die Brauerei Neumarkter Lammsbräu, so etwas wie der Prototyp einer Bio-Brauerei, wirft eine Limonadenkollektion namens Now (New organic world) auf den Markt, darunter Now Black Cola. Die Cola ist zwar keine an der Höchstgrenze orientierte Koffeinbombe, aber mit 18 mg / 100 ml liegt der Koffeinanteil knapp unter dem von Club-Mate. Da auch das Guarana-Koffein an Gerbstoffe gebunden ist, dürfte die Wirkung sich ebenfalls über einen längeren Zeitraum verteilen.

Der Geschmack ist nicht vorhersehbar, aber typisch Bio: Durch den geringeren Kohlensäuregehalt (von wegen CO2-Sparen und so) wirkt der erste Schluck wie aus einer Flasche Bier. Dann setzt der leicht karamellig süß-saure Guarana-Cola-Geschmack ein, und die Welt ist schön. Recht lecker, aber irgendwie fehlt mir ein wenig die bittere Note. Die brauereieigene Langhalsflasche fasst einen Drittelliter, daneben ist NOW auch in der Literflasche erhältlich. Trotzdem und trotz des schicken, für den Bioladen geradezu untypischen Designs mit wirrem Chamäleon als Logo hat das Getränk nicht allzu viel Potenzial zur Hackerbrause. Immerhin die bislang beste unter den Bio-Colas.

Cola Rebell

Koffeingehalt	25 mg / 100 ml
Zucker	10,7 g / 100 ml
Koffeinpflanzen	–
Website	*http://colarebell.de/*
Shortlink	*http://brau.se/x*
Rating	★★★☆☆
Straßenpreis	1,30 Euro

Mit ihrem Gründungsmythos reihen sich die Cola-Rebellen in die Cola-Tradition Hamburgs ein. Drei Freunde sitzen in einer Szenebar, einer kippt dem anderen Chilisauce in die Cola, und am Ende steht die Idee, eine scharfe Cola auf den Markt zu bringen. »Die schärfste Cola der Welt« kommt in drei Geschmacksvarianten: »Soft Chili« mit einer einfachen Dosis Chili, »More Chili« (3-fach) und »Maxx Chili« (8-fach). Alle Sorten haben einen Schuss Ingwer und den für Limonaden maximal zulässigen Koffeingehalt von 25 mg / 100 ml.

Die »Natural Cola« ohne Zusatzstoffe und künstliche Aromen schmeckt in der milden Variante angenehm zitronig und nicht zu süß, aber unspektakulär. Schärfe kann ich am Gaumen nur erahnen. Die mittelscharfe Variante dagegen brennt schon deutlich im Hals, und ich muss sagen: Chili macht nicht nur Schokolade, sondern auch Cola interessant, überlagert aber ein wenig den Eigengeschmack. »Maxx Chili« wurde nicht getestet.

Das Etikett der Flaschen ist ein bisschen zu überladen mit Hamburger Lokalpatriotismus. Die überkreuzten Säbel unter dem Stadtwappen sollen an das Piratenzeichen erinnern, was in Teilen der Hackerszene ganz gut ankommen könnte. Fazit: Lohnt sich zu probieren.

Schlucki-Cola

Koffeingehalt	??
Zucker	??
Koffeinpflanzen	??
Website	Keine
Shortlink	*http://brau.se/f*
Rating	☆☆☆☆☆
Straßenpreis	

Über den Umweg via Nürnberg und Berlin fand eine Flasche Schlucki-Cola aus Bamberg den Weg zu uns. Der Name gibt schonmal volle Punktzahl auf der Niedlichkeitsskala =) Das Design der Flasche ist schlicht und enthält außer MHD und Zutatenliste nichts Wissenswertes. Ganz angenehm in Zeiten, wo eine ideologische Ansprache voller Wir-Gefühl auf jedem Etikett lauert. Auch das Netz hält kaum Informationen zu Schlucki bereit. Einzig ein Auszug aus dem Buch »Fränkische i-Tüpfäla. Köstlichkeiten aus der Region« führt auf die Spur der Georg-Schuler-Mineralwasserfabrik in Bamberg, die Schlucki herstellt.

Schlucki Cola ist relativ süß, wie es sich für eine Cola auch gehört. Sie kann es meiner Meinung nach ohne weiteres mit Coca-Cola oder Pepsi, aber auch mit Fritz oder Club-Mate-Cola aufnehmen. Lecker vollmundig mit starker Tendenz zur Kolanuss. Also volle Empfehlung für Schlucki-Cola, die vermutlich sehr günstig ist, wenn man denn in der Region ist oder jemanden kennt, der eine Flasche mitbringen kann. Ich würde nicht damit rechnen, die 0,33-l- oder 0,5-l-Flaschen außerhalb Frankens irgendwo im Vertrieb zu finden. Nicht nur bei Reisen durch das Universum, nein, auch in der Provinz können Hacker spannende Sachen entdecken.

Quellen

[1] Andrea Exler: Coca-Cola, 2006

[2] *http://register.dpma.de/DPMAregister/marke/register/434907/DE*

[3] *http://www.youtube.com/watch?v=wokjKUxoWN8*

[4] *http://www.zeit.de/2005/34/Afri-Cola*

[5] *http://www.ipremium.de/*

Energy-Drinks

Ursprung in Fernost

リポビタン, 박카스 und กระทิงแดง

Beim Thema koffeinhaltige Getränke aus Ostasien ist vermutlich der Tee die erste Assoziation. Bodhidharma, Gründer des Shaolin-Klosters und erster Patriarch des Zen-Buddhismus, hat nach einer chinesischen Legende den Teestrauch durch das Herausreißen seiner vom langen Meditieren schwer gewordenen Augenlider geschaffen: In einem biologisch eher unwahrscheinlichen Vorgang landeten die ausgerupften Lider auf dem Boden und aus ihnen erwuchs die Teepflanze, die aufgekocht die Müdigkeit vertreibt. »Medizin war der Tee zuerst. Getränk wurde er danach«, schrieb der japanische Kulturphilosoph Kakuzo Okakura (1862-1913) in seinem »Buch vom Tee«. Bei den Energy-Drinks, die seit den 1960ern zunächst in Japan entstanden und dann im gesamten asiatischen Markt heimisch wurden, ist die Verbindung von Medizin und Getränk deutlich sichtbar. In kleinen braunen Glasfläschchen wie aus der Apotheke kommen die Wachmacher mit 80 oder 100 ml Inhalt daher. Zudem tragen sie noch pseudomedizinische Trivialnamen wie »Lipovitan«.

Die Begeisterung für getränkeähnliche Nahrungsmittelergänzungen in winzigen Fläschchen geht in Japan bis in das Jahr 1935 zurück, als Minoru Shirota, ein Mediziner der Universität Kyoto, den von ihm entdeckten Lactobacillus casei Shirota zusammen mit Magermilch fermentierte und als probiotisches Getränk auf den Markt brachte. In Anlehnung an das Esperanto-Wort für Joghurt (jahurto) nannte er sein Getränk Yakult (ヤクルト). Das tägliche Trinken kleiner Fläschchen, die dem Körper Gutes tun, gehört seitdem in Ostasien zu einem gewissen modernen Ernährungsstil dazu.

Im Jahre 1962 beschloss die Taisho Pharmaceutical Co., die sich auf rezeptfreie Medikamente spezialisiert hatte, ebenfalls ein kleines Fläschchen auf den Markt zu bringen. Sie nannte ihr Getränk Lipovitan (リポビタン). Zwei Sachen waren an Lipovitan besonders, so dass es quasi zum Urahn der Energy-Drinks wurde: Neben Koffein enthielt es Arginin und Taurin. Arginin ist eine Aminosäure, die zuerst als Silbersalz isoliert werden konnte und deshalb den vom lateinischen Wort für Silber (argentum) abgeleiteten Namen bekam. Arginin ist ein typisches Nahrungsergänzungsmittel, diätetisches Lebensmittel für Sportler mit intensiven Muskelanstrengungen oder wird z. B. zur diätetischen Behandlung von Atherosklerose, endothelialer Dysfunktion und zur Unterstützung des Kreislaufsystems empfohlen. Ein weiterer Einsatz von Arginin erfolgt etwa zur diätetischen Behandlung der erektilen Dysfunktion. Insgesamt ist nicht unumstritten, wie Arginin wirken soll, aber es soll auf jeden Fall müde Muskeln munter machen. Ein bisschen Hokuspokus gehört seitdem zu jedem Energy-Drink dazu.

Die zweite besondere Substanz in Lipovitan trägt den Namen Taurin und ruft schon durch seinen vom Stier (lateinisch: taurus) abgeleiteten Namen Assoziationen von wutschnaubenden Bestien hervor, die vor lauter Kraft nicht gehen können. Tatsächlich heißt Taurin so, weil die Aminosulfonsäure das erste Mal aus der Galle (nicht aus den Hoden, wie es eine beliebte Urban Legend will) von Rindern isoliert wurde. Taurin in Getränken wird natürlich nicht aus Stiergalle gewonnen, sondern chemisch hergestellt, aber das Bild des rasenden Stiers ist zu schön für die Werbung, als dass man es fallen lassen wollte. Die Wirkung von Taurin ist am ehesten die eines Beschleunigers: Durch Beeinflussung des Insulinspiegels wird der Stoffwechsel angeregt und das Koffein im Getränk wird schneller aufgenommen – Taurin sorgt also in erster Linie dafür, dass es schneller »knallt«, weshalb es auch in Alkoholmischgetränken so beliebt ist.

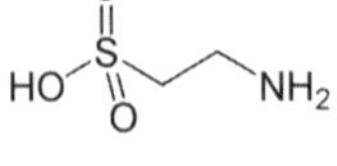

1963 beschloss die Dong-A Pharmaceutical Co., Teil des koreanischen Mischkonzerns Dong-A, inspiriert vom japanischen Lipovitan, ebenfalls ein Energiegetränk zu produzieren, das zunächst als Naturmedizin in Apotheken vertrieben wurde – als Mittel gegen Erkältung und Kater. Benannt wurde es nach dem griechischen Gott des Weines, Bacchus (bzw. auf Koreanisch: 박카스). Wieder waren Koffein und Taurin dabei, der Geschmack kam u. a. durch den Zusatz von Gelee Royal. Ähnlich wie bei Coca-Cola gab es in den 1990ern eine Änderung im Rezept: Aus Bacchus-D, dem ursprünglichen Namen, wurde durch ein Update Bacchus-F. Gerade in Asienläden hierzulande sind als Import aber weiterhin beide Versionen erhältlich. Zusammen mit dem koreanischen Wodka aus Reis und Süßkartoffeln, dem Soju (소주), bildet Bacchus die Grundlage für einen bei Trinkgelagen in Südkorea gefürchteten Endgegner: die »Bacchus-Bomb«.

Lipovitan und Bacchus waren wiederum die Grundlage für einen Energy-Drink, der (in stark veränderter Form) die Welt erobern sollte. In Thailand entstand durch Nachahmung des japanischen und koreanischen Energiegetränks in den 1970ern eine Marke, die den Namen »Roter Wasserbüffel« trug, oder auf gut Thai: Krating Daeng (กระทิงแดง). Sie wurde speziell als Wachmacher an LKW-Fahrer und Arbeiter im Schichtdienst vermarktet. Von Anfang an setzte die Marke auf einen gewissen proletarischen Charme: Hauptsächlich tauchte das Logo mit den zwei aufeinander einstürmenden Wasserbüffeln bei Fernsehübertragungen des thailändischen Nationalsports Muay Thai, dem Thai-Boxen, auf. Krating Daeng wäre ein weiterer asiatischer Energy-Drink unter vielen geblieben, wenn nicht 1982 der österreichische Unternehmer Dietrich Mateschitz das Getränk als Wundermittel gegen seinen Jet-Lag entdeckt hätte. Teilweise gibt es Krating Daeng heute auch außerhalb Thailands zu kaufen, wo es bisweilen wegen der Verwechslungsgefahr als *Thai Red Bull* (aber praktisch mit dem identischen Logo wie die Marke aus Österreich) vertrieben wird.

Der Mythos vom roten Stier

Dass Mateschitz mit Energie aus der Dose seinen Jet-Lag überwinden wollte, ist eine Version der Geschichte. Anderswo heißt es, Mateschitz sei bei der Lektüre einer Newsweek-Liste der Top Steuerzahler auf die Firma Taisho Pharmaceutical und ihr Produkt Lipovitan aufmerksam geworden. Wie dem auch sei: Zurück in Österreich wurde Red Bull 1987 auf den Markt gebracht und feierte dort Erfolge in der Partyszene, bei Mountainbikern und Snowboardern. Red Bull war schon 1989 in Singapur erhältlich, ab 1992 konnte man sich in Ungarn Flügel verleihen lassen. Die offizielle Markteinführung in Deutschland erfolgte jedoch erst 1994, und dem voran ging eine öffentliche Debatte um das sagenumwobene Aufputschmittel aus den Alpen.

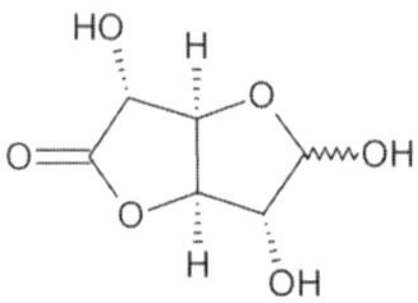

Das Kohlenhydrat Glucuronolacton und das Vitamin Inosit waren als Zusatzstoffe Anfang der neunziger Jahre noch nicht zugelassen. Österreichurlauber hatten aber schon Erfahrung mit dem Getränk, und Eltern, Pädagogen und die Gesundheitsämter der bayrischen Grenzregionen waren besorgt. »Viele vermuteten in dem süßen Saft ein gesundheitsschädigendes ›Aufputschmittel‹ oder gar ›Rauschgift‹, das Jugendliche süchtig machen könne«, schrieb DER SPIEGEL in der Ausgabe 30/1993, und weiter »Lothar Kubecka, Amtsarzt des Gesundheitsamtes in Kempten, etwa sieht in dem Gebräu ›wegen seiner stimulierenden Wirkung‹ eine ›mögliche Einstiegsdroge‹. Ein 14 Jahre alter Pennäler warnt in der Schülerzeitung Punktum des Oberstdorfer Gertrud-von-le-Fort-Gymnasiums vor dem ›umstrittenen Getränk‹ – was es bei den Mitschülern besonders interessant macht.« Als Mitte der 1990er die ersten Dosen Red Bull sowie die der Nachahmerprodukte Flying Horse oder Guvi im Regal der Supermärkte und Tankstellen auftauchten, kam man sich im jugendlichen Alter jedenfalls wagemutig vor. Es war fast, als könne man den ersten Joint an der Tankstelle kaufen – nur dass man nach dem Konsum eben munter wurde.

Umstritten war vor allem das Taurin, dieses sagenumwobene Zeug aus Stiergalle. Tatsächlich wird das meiste Taurin, das in Energy-Drinks zum Einsatz kommt, synthetisch gewonnen. Die leistungssteigernde Wirkung von Taurin in Kombinationen mit den anderen

Bestandteilen von Energy-Drinks ist nach wie vor umstritten, auf der roten Liste der Dopingverfolgung steht es jedenfalls nicht. Große Skeptiker in Sachen Taurin waren bis vor kurzem Frankreich, Norwegen und Dänemark. In Frankreich wurde Taurin zwischenzeitlich durch Arginin ersetzt, um Konsumenten vor vermeintlich gesundheitsschädlichen Wirkungen zu schützen. Damit verstieß Frankreich gegen die Warenverkehrsfreiheit, wie der Europäische Gerichtshof 2009 feststellte. In Dänemark und Norwegen bestanden ähnliche Verbote. Dort ist Red Bull seit 2009 erhältlich.

Bleibt das Thema Mischkonsum: Alkohol und Koffein in rauen Mengen sind nicht gut für den Körper. Das Bundesinstitut für Risikobewertung (BfR) veröffentlichte zuletzt 2008 »Neue Humandaten zur Bewertung von Energydrinks«, in denen von Fällen berichtet wird, bei denen der Genuss von Wodka, Red Bull und Co. zu Herzrhythmusstörungen, Krampfanfällen und Nierenversagen führten. Darunter auch Fälle, bei denen es für jede ärztliche Hilfe zu spät war. Das BfR sieht unter anderem ein Problem in der Tatsache, dass Menschen nach dem Konsum von Energy-Drinks und Alkohol ihre Leistungsfähigkeit überschätzen und sich dann zum Beispiel im Fehlglauben, noch fit und zurechnungsfähig zu sein, ans Steuer setzen. Ob das BfR dabei auch an Hacker denkt, die im Vollrausch seltsamen Code produzieren, ist nicht bekannt. Es bleibt zu fragen, ob die Risiken allein dem Energy-Drink anzulasten sind, wie es in der öffentlichen Diskussion manchmal erscheint. Wenn es nach dem Bundesinstitut für Risikobewertung geht, sollen auf den Dosen und Flaschen mit der Gummibärchenbrause eindeutige Warnhinweise aufgebracht werden, die insbesondere Kindern, Schwangeren, Stillenden und koffeinempfindlichen Personen vom Konsum abrät. Dies gilt natürlich auch für die seit kurzem erhältlichen Energy-Shots, die in kleineren Mengen mit noch mehr Koffein als Nahrungsergänzungsmittel angeboten werden und auf denen bereits zu lesen ist, dass mehr als ein Fläschchen pro Tag nicht zu empfehlen ist.

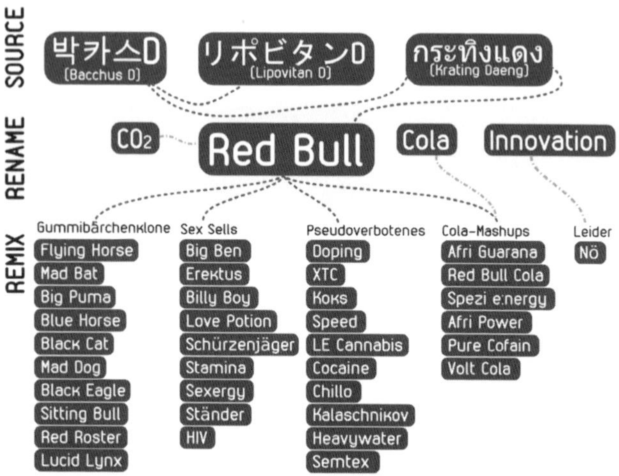

Verloren im Gummibärchenland

Moderne Energy-Drinks sind schnell erklärt: Getränke in schmalen Viertelliterdosen und drinnen ist eigentlich immer dasselbe in verschiedenen Kombinationen: Zucker, lustige Vitamine, Koffein, Taurin und andere Wundersubstanzen, die aber mehr oder minder austauschbar sind. Eigentlich wäre es eine recht triviale Sache, einen Roboter zu bauen, der beliebig oft nach dem Zufallsprinzip aus Standardzutaten einen neuen Energy-Drink zusammenmischt. Geschmacklich variieren die Wunderplörren nicht sonderlich, höchstens zwischen süß und sauer. Mal ehrlich: Wenn es schon außergewöhnlich ist, dass so ein Getränk mal nach Holunder oder Johannisbeere schmeckt, dann läuft doch irgendwas falsch.

So bleibt den Marketing-Gurus, um bei der anvisierten Zielgruppe zu punkten, eigentlich nur das Drumherum. In der Tat ist das signifikanteste Unterscheidungsmerkmal von Energy-Drinks ihre Aufmachung. Die Corporate Identity einer solchen Brause ist um einiges signifikanter als der Inhalt, auch wenn der meist ebenfalls nicht besonders kreativ ist. Lustig sind immerhin die namentlichen Verballhornungen des Marktführers in Form von rotem oder schwarzem, sitzendem oder fliegendem Getier. Mit vermeintlich halblegaler Imagegebung, zwischen harten Drogen und Plastiksprengstoff, wird zwar mit einigen Sorten ein wenig der Reiz des Verbotenen getriggert, doch eine Marketingkampagne, die nicht auf eine Steigerung der sportlichen, musikalischen, partymachenden oder natürlich sexuellen Attraktivität und Leistungsfähigkeit basiert, haben die vermeintlichen Genies in den Werbeschmieden sich noch nicht ausgedacht.

Zwar sind »einzigartig«, »originell« und »anders« Adjektive, mit denen sich die Getränke gerne schmücken, im Endeffekt bleibt zur Welt der Energy-Drinks kaum mehr zu sagen, als dass der überwiegende Teil des Angebots beliebig und austauschbar ist. Für die Koffeinversorgung ist es ziemlich unwesentlich, was auf der Packung steht, denn das Alkoholmischsubstitut aus dem Discounter schmeckt an sich auch nicht schlechter als das geflügelte Edelfluid.

Umfrage

Der Markt für koffeinhaltige Funktionsgetränke gleicht in vielerlei Hinsicht einer parlamentarischen Demokratie. Es gibt Platzhirsche, die recht ähnliche Geschmäcker vertreten, viele krude Kleinstparteien mit seltsamen Aromen und einen hohen Anteil an Nichtwählern. Wir haben unsere Leser abstimmen lassen und auf dem Wahlzettel standen mehr als 30 Energy-Drinks zur Auswahl. Sinnvollerweise haben auch wir eine 5-%-Hürde eingeführt. Hier ist das empirisch ermittelte Ergebnis der Wahlen zum Hackgeordnetenbraus:

Es scheint also eine große Koalition aus Red Bull und Schwarze Dose 28 zu geben. Bemerkenswert ist die Trinkbeteiligung von 66,92 %; knapp ein Drittel der Hackberechtigten lehnt einen Koffeinrausch durch Energy-Drinks vollständig ab. 6,92 % der Stimmen waren ungültig, darunter Stimmen für Tee, Kaffee, Mate, Capri-Sonne und FDP, die allesamt nicht auf dem Boden der sprudelig-koffeinhaltigen Hackordnung stehen und daher nicht zur Wahl

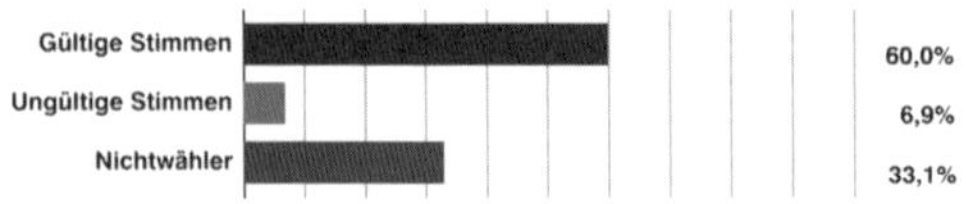

Wahlbeteiligung (130 abgegebene Stimmen)

Wahlergebnis (78 gültige Stimmen)

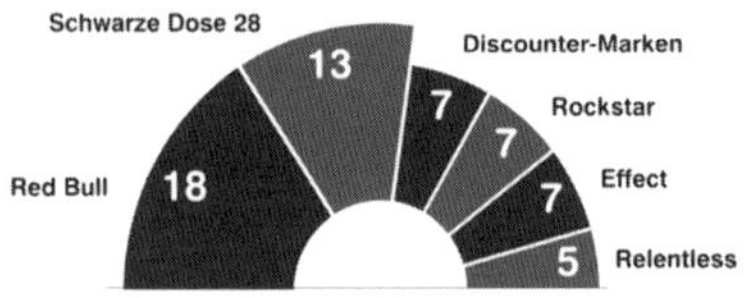

Sitzverteilung (57 Sitze)

zugelassen sind. Im Parlament vertreten sind die großen Volksbrausen Red Bull und Schwarze Dose 28 gleichauf. Dritte Kräfte wurden der Zusammenschluss von Noname-Discountermarken sowie Rockstar und Effect. Auch Relentless übersprang die fünfprozentige Relevanzhürde. Stärkste Kraft unter den Sonstigen wurde Volt Cola mit 3,85 %, dicht gefolgt von Afri Red, Monster und T-400 mit jeweils 2,56 %.

Rezensionen

Es dürfte klar geworden sein: Energy-Drinks sind ein schwieriges Thema. Aber auch in diesem Hackerbrausesegment gibt es nicht nur Fails, sondern auch Produkte zu entdecken, die lecker, spannend oder zumindest anders sind als die Marktführer aus Österreich und ihre Nachahmer. Aktuell geht der Trend zum Cola-Energy-Hybrid: Colas wie Volt, Afri Power oder Cola Rebell Energy umschiffen die 25 mg / 100 ml Koffeinobergrenze für Softdrinks dadurch, dass sie ins Lager der Energy-Drinks überwechseln.

Afri Power

Koffeingehalt	32 mg / 100 ml
Zucker	13,1 g / 100 ml
Koffeinpflanzen	–
Website	*http://www.afri.de/products/view/8*
Shortlink	*http://brau.se/3d*
Rating	★☆☆☆☆
Straßenpreis	1,00 Euro

Ein Cola-Energy-Drink auf dem Hause Afri verspricht mehr Koffein (32 mg / 100 ml) bei Afri-typischem Geschmack. Schon der Geruch nach dem Öffnen ist säuerlich, der erste Schluck ist ernüchternd: Sauer! Dosengeschmack! Wah! Das Geschmackserlebnis ist völlig missglückt und hängt irgendwo zwischen billigem Energy-Drink und Multivitamintablette. Dass das Getränk nach Cola schmecken soll, ist allenfalls zu erahnen. Im Gaumen zwickt ein komischer Nachgeschmack. Die Gewöhnung nach ein paar Schlucken macht die Pansche zwar halbwegs schmerzfrei trinkbar, doch auch das schicke schwarz-rote Dosendesign und die schlauen Slogans machen dieses Gebräu nicht lecker.

Alles steckt in Afri-Cola scheint hier zuzutreffen. Afri Red schmeckt nach allem, aber nicht gut. »Mit fruchtiger Note« in your face! Afri scheint die Marke der Fehlentscheidungen zu bleiben. Statt eines puren Colageschmacks wird hier mit Energy-Drink-Komplex eine Lohas-Partypeople-Zielgruppe angesprochen, die mit Widerlichkeiten eigentlich schon überversorgt ist. Furchtbar! Statt der 23-eckigen Palme ausnahmsweise mal treu zu bleiben, springt man hier auf einen Zug auf, der mehr Castor-Transport als Orientexpress ist, und schon bei Spezi Energy an die Wand gefahren ist.

Afri Power eignet sich höchstens als Mutprobe auf ansonsten langweiligen Partys. Wer keine Alternative hat, sollte die Dose schnell in sich hineinkippen und möglichst von der Zunge fernhalten. Um den Geschmack wieder loszuwerden, trinkt man eine Flasche Skull.

Schwarze Dose 28

Koffeingehalt	32 mg / 100 ml
Zucker	14,4 g / 100 ml
Koffeinpflanzen	Guarana
Website	*http://www.schwarzedose28.com/*
Shortlink	*http://brau.se/v*
Rating	★★★★☆
Straßenpreis	1,60 Euro

Energy-Drinks, das ist leider immer wieder ein neuer Abklatsch auf eine alte Leier, neue Produkte erscheinen in völliger Beliebigkeit, sind austauschbar, egal. Selten passiert es, dass aus dieser Ecke etwas wirklich Neues kommt. Bei Schwarze Dose 28 ist das der Fall.

Ganz in Schwarz kommt dieses Getränk daher. Schlicht, elegant, reduziert auf das Wesentliche. Am Claim »Der Tag hat 28 Stunden« bleibt der Blick hängen. Es ist die Wahrheit. Dieses Getränk will so gar nicht ins Red-Bull-Klischee passen. Kein Taurin, keine künstlichen Farb- und Aromastoffe, Guarana, Kräuter, Açaí-Geschmack. Und alle so yeeeaaah!

Schwarze Dose schmeckt wie eine herbe Limonade, der Açaí-Guarana-Geschmack ist fruchtig, nicht süß, nicht übersäuert, gut. Ein bequemes Getränk, fast gesund, und doch voll schönem Koffein. 32 mg / 100 ml. Definitiv eine Hackerbrause. Einziges Manko: Dieses Getränk hat eine Flasche verdient. Dann wäre der Name zwar Makulatur, aber sonst alles stimmig.

Cola Rebell Kraftstoff Cola

Koffeingehalt	32 mg / 100 ml
Zucker	11,2 g / 100 ml
Koffeinpflanzen	–
Website	*http://www.colarebell.de/produkte/kraftstoffcola/*
Shortlink	*http://brau.se/k*
Rating	★★☆☆☆
Straßenpreis	1,60 Euro

Ein Energy-Drink mit Cola-Chili-Aroma, das klingt sehr verheißungsvoll. Der erste Schluck schmeckt tatsächlich kräftig nach Cola, bis dann die Schärfe aus Chili und Ingwer einsetzt und angenehm kribbelt. Es schmeckt nicht nach billiger Taurin-Plörre aus dem Discounter, sondern fast wie die originale Cola-Sorte mit einem Hauch Energy-Drink. Ich bin geschmacklich begeistert. Mit einem Koffeingehalt von 32 mg / 100 ml ist für eine ordentliche Wirkung gesorgt, mit 1,59 Euro für die 0,25-l-Dose spielt das Getränk in der mittleren Energy-Drink-Preisliga. Ein dicker Wermutstropfen: Die Kraftstoffcola enthält natürliches Taurin und wärmebehandeltes Molkeerzeugnis. Damit ist sie pfandfrei und für Vegetarier nicht geeignet. Als Hackerbrause ist dieser Cola-Energy-Drink damit nur eingeschränkt zu empfehlen.

Trink Me Guarana-Boost! / Trink Me LADIES

Koffeingehalt	unbekannt
Zucker	unbekannt
Koffeinpflanzen	Guarana
Website	*http://www.drinkmeworld.de/*
Shortlink	*http://brau.se/28*

Rating	☆☆☆☆☆
Straßenpreis	1,50 Euro

Auf den ersten Blick im Supermarkt sah das toll aus: Eine heiter designte Dose, die liquid Happiness in Form eines koffeinhaltigen Getränks mit Guarana verspricht. Doch schon die Nachbardose der Marke DrinkMe – THE UBERDRINK lässt erste Zweifel aufkommen. In Pink und for the ladies? Nix gegen Pink, aber ich lasse mir meine Haecksenbrause nicht mit Gendermarketing andrehen. Das Produkt wirbt einerseits mit Botschaften an Achtzigerjahrekids (»... and always be excellent to each other«), andererseits geht es um tibetische Medizin und Gesundheit. Moderne Großstadtmenschen mit unausgewogenem Lebensstil sollten regelmäßig diesen »functional drink« zu sich nehmen. damit Stress, Rückenschmerzen und Burnout wie von selbst verschwinden. Die Website spricht von »Wir-Gefühl« und Generation, und hey, bestimmt möchtest DU dich in der Trink-Me-Community mit anderen vernetzen und darüber austauschen, wie Zuckerwasser dir zu mehr Glück, Gesundheit und Schönheit verholfen hat.

In der Variante für LADIES stecken übrigens die revolutionärsten »orthomolekular-medizinischen Erkenntnisse«. So etwas findet frau sonst ja in Anti-Aging-Cremes. Das Getränk ist selbstverständlich zuckerfrei und unterstützt damit die selbstbewusste, starke Frau bei ihrem ewigen Kampf gegen den eigenen Körper: »Es stoppt nicht nur den Heißhunger auf Süßes, sondern mildert die Nebenwirkungen einer kalorienbewussten Ernährung, z.B. die Beeinträchtigung des geistigen Leistungsniveaus, Kopfschmerzen, Schlafstörungen oder Ermüdungen.« Hungern muss sein, und wenn sich die Mangelernährung in fiesen Symptomen niederschlägt, gibt es eben ein paar Schlucke DrinkMe LADIES zum Ausgleich? Nein danke.

DrinkMe Guarana-Boost! schmeckt ziemlich durchschnittlich süßsäuerlich-fruchtig-synthethisch. Nicht weiter definierbar, nicht weiter bemerkenswert. Die Vitamine (C, B6, B12) und ernährungsphysiologisch sicherlich vorteilhaften Säuren in diesem Getränk schaden vermutlich nicht, aber: Das ist weder eine Brause für

Hacker noch für Hackerinnen, denn auf blödsinniges Marketing haben beide keine Lust.

Alpen Yod'l

Koffeingehalt	32 mg / 100 ml
Zucker	unbekannt
Koffeinpflanzen	Guarana
Website	*http://www.alpenyodl.ch/*
Shortlink	*http://brau.se/yodl*
Rating	★★★★☆
Straßenpreis	1,50 SFr

Alpen Yod'l klingt zwar namentlich sehr creepy, doch der Geschmack des Getränks mag durchaus zu entschädigen. Der erste Schluck erstaunt mit einer unerwartet herben und minzigen Kräuternote. In seiner Gesamtheit ist der Geschmack säuerlich-kräuteresk, etwa wie eine Mischung aus Ricola und Almdudler mit einem unverkennbaren Minzeinschlag. Kein Wunder, denn zu den Zutaten zählen Zitronenmelisse, Apfel- und Pfefferminze sowie Holunder, die allesamt aus biologischem Anbau stammen. Den Koffeingehalt von Energy-Drink-üblichen 32 mg / 100 ml bekommt das Getränk offenbar ausschließlich aus Bio-Guarana. Die Brause ist uneingeschränkt trink- und für Kräuterlimobegeisterte durchaus genießbar. Das Prädikat Hackerbrause ist für dieses Getränk durchaus nicht unangebracht, der Bio-Faktor bekommt aber einen Knick durch die Aludose.

Rockstar Energy Recovery (Zitrone)

Koffeingehalt	32 mg / 100 ml
Zucker	12,1 g / 100 ml
Koffeinpflanzen	Guarana (geringe Menge)
Website	*https://rockstar69.com/*
Shortlink	*http://brau.se/3j*

Rating	★★★★★
Straßenpreis	1,70 Euro

Den Lacher vorweg: *It's got Electrolytes.* So steht es in werbender Form auf der Dose. Und in der Tat schmeckt die Rockstar-Brause so, wie ich mir Brawndo vorstelle: Dünn, kohlensäurelos und chemiezitronensauer. Die 3 % Zitronensaft aus Zitronensaftkonzentrat haben mir dabei ganz schön auf den Magen geschlagen und für stundenlanges Sodbrennen gesorgt. Der Koffeingehalt von Energy-Drink-typischen 32 mg / 100 ml ist auf die Halbliterdose gerechnet zwar eine ganz schöne Menge, doch eine Hackerbrause würde ich dieses reizende Hipstergetränk nicht nennen.

Relentless Origin

Koffeingehalt	32 mg / 100 ml
Zucker	10,4 g / 100 ml
Koffeinpflanzen	Guarana (Spuren)
Website	*http://www.relentlessenergy.com/*
Shortlink	*http://brau.se/*
Rating	★★☆☆☆
Straßenpreis	1,70 Euro

Einer der derzeit wohl am liebsten getrunkenen Energy-Drinks nennt sich Relentless und kommt aus dem unbarmherzigen Hause Coca-Cola.

Die in Hipsterfraktur gehaltene Halbliterdose ist theoretisch wiederverschließbar, falls der Plastikverschluss beim Öffnen nicht in zwei Teile zerspringt und dann die innere Hälfte munter in der Brause badet. Aus dem Plastikteil zu trinken, fühlt sich einfach nur falsch an. Könnte mal wer die Produktdesigngeniuses darauf hinweisen, dass es für genau diese Funktion Flaschen gibt?

Der erste Schluck geht in Richtung der üblichen Gummibärchennote, doch dann: Nichts. Leicht sauer mit Taurineinschlag, aber irgendwie auch völlig geschmacklos. Keine Frucht, keine Süße, keine Elektrolyte, nicht mal das sonst so markante Guarana, das immerhin in verkaufsargumentativen Spuren enthalten sein soll. Als wäre das Ganze die DIN-genormte Grundsubstanz eines Energy-Drinks und in der Füllanlage wäre vergessen worden, die Unterscheidungsmerkmale beizumengen. Der originelle Sortenname Origin trifft also zu, und eine Brause, die mal angenehm nach nichts schmeckt, ist durchaus nicht uninteressant.

Kaum zu erwähnen, dass auch dieser Halbliterbomber die üblichen 32 mg / 100 ml an Koffein mitbringt. Eine Hackerbrause aus dem Coca-Cola-Imperium? Die Zahlen sprechen dafür, das Herz eher dagegen. Wer sich, ohne die Geschmacksnerven zu reizen, erbarmungslos wach knallen möchte, ist mit dieser Brause aber gut beraten.

Monster Energy

Koffeingehalt	32 mg / 100 ml
Zucker	11,0 g / 100 ml
Koffeinpflanzen	Guarana (geringe Menge)
Website	*http://www.monsterenergy.com/*
Shortlink	*http://brau.se/*
Rating	★★☆☆☆
Straßenpreis	1,60 Euro

Ein weiterer Energy-Drink der neuen Generation nennt sich Monster Energy. Die üblich gewordene Halbliterdose kommt in Schwarz daher und hat sogar etwas Mathematik parat:

> *Wir sind runter ins Labor und haben die zweifache Menge unseres Energy-Gebräus aufgekocht! Die dabei entstandene Killermischung kickt deshalb doppelt so stark wie andere 250-ml-Energy-Drinks.*

Wow. Ein halber Liter hat doppelt soviel Koffein wie ein Viertelliter mit demselben Koffeingehalt von 32 mg / 100 ml. Ich muss zugeben: Die haben in der Grundschule aufgepasst.

> *Monster pusht dich mit einem fetten Kick, hat aber einen fetten Geschmack und lässt sich ganz leicht runterschütten.*

Das Gebräu schmeckt erstmal ungewöhnlich süß-fruchtig-karamellig, erinnert mehr an Kaugummi oder Root-Beer als an Gummibärchen und hat einen Nachgeschmack zwischen Taurin und Kinderzahnpasta. Auch diese Dose wirbt mit Guarana, obwohl nur eine mogelpackungsverdächtig geringe Menge »Guaranasamenextrakt« drinsteckt, die mit 0,002 % angegeben ist. Guaranageschmack: Null.

Der Straßenpreis von 1,60 Euro für die Halbliterdose fällt nicht groß aus dem Rahmen, die Webseite zur Brause ist völlig informationsfrei und richtet sich mit Sport, Bands, Prominenten und sexualisiert gekleideten Damen wohl an eine heteronormativ-männlich sozialisierte Zielgruppe. Geschmacklich ist das Monster keine große Leuchte und als Hackerbrause eher untauglich.

KAPITEL 6

Hackerbrause DIY-Rezepte

Ein ehemaliger deutscher Innenminister wusste schon, dass Hacker immer irgendetwas hacken werden wollen. Mit dem einfachen Konsum geben sie sich selten zufrieden. Kein Wunder also, dass die Experimentierfreude auch bei Lebensmitteln nicht haltmacht: Drinks mit und ohne Alkohol für die Party im Hackerspace und Rezepte mit Mate-Brause, die zumindest das Prädikat »interessant« verdient haben. Die Homebrew-Fraktion stellt sich einer ganz besondere Herausforderung: Mate-Brause und Open Cola selber machen.

Drinks aus Clubmate

Wenn es um die experimentelle Weiterverarbeitung von Hackerbrause und insbesondere Club-Mate geht, macht den Mitgliedern der Entropia so schnell niemand etwas vor. Der Hackerspace und CCC-Erfa-Kreis in Karlsruhe sammelt die besten Rezepte in seinem Wiki auf *http://entropia.de*. Darunter auch einige Drinks, die möglicherweise nur zu dokumentarischen Zwecken festgehalten wurden: potentiell Trinkbares wie Mate'n'Milk, die Mate-Kräuterlikör-Mischungen Melser, Mate-Colada oder Catschunk, ein an den Tschunk angelehnter Cocktail mit Cachaça. Als wenig empfehlenswert hat sich auch Maffee herausgestellt: Der Versuch, die beiden Lieblingsgetränke Kaffee und Mate zu vereinen, indem der Kaffee mit kochender Mate aufgebrüht wird.

Alkoholhaltige Drinks und Cocktails

Tschunk: Des Hackers Cocktail

Die Mülltonne, aus der am Morgen danach zerquetschte Limettenschalen quellen, gehört zu jeder Hackerparty. Doch trinkt man hier nicht Caipirinha, sondern Tschunk (auch Chunk). »Das Eis erfrischt, die Mate hält wach und der Alkohol sorgt für die Gemütlichkeit«, werden die Vorzüge des Tschunks im Entropia-Wiki zusammenfasst.

Foto von Christopher Schirner, CC BY-SA 2.0

```
Limetten in Würfel schneiden;
zusammen mit braunem Zucker in ein Glas geben;
Limetten und Zucker mit einem Holzstempel zerdrücken;
das Glas mit Crushed Ice auffüllen;
ca. 6 cl Rum hinzufügen;
mit Mate auffüllen;
Strohhalm ins Glas
```

In Sachen Rum empfiehlt sich ein Blick auf *https://entropia.de/Tschunk* Im Laufe von mehreren Veranstaltungen wurden verschiedene Rumsorten auf ihre Tschunktauglichkeit getestet.

Turbo-Mate und Matoka

Mit freundlicher Genehmigung von Henriette Rietz, www.herzette.de

Ebenfalls zu den Klassikern gehören Turbo-Mate, auch Power-Mate oder Sekt-Sekt-Bronte genannt, und Matoka: Mate mit Wodka. Achtung Verwechslungsgefahr: In den letzten Jahren hat sich in Clubs jenseits der Hackerszene die Bezeichnung Turbo-Mate für die Wodka-Variante eingebürgert. Bei Unsicherheit empfiehlt es sich, »Sekt-Mate« oder »Wodka-Mate« zu ordern. Turbo-Mate wird üblicherweise mit Eiswürfeln getrunken. Das Mischungsverhältnis sollte sich an dem Bedürfnis des Users orientieren.

Für eine Matoka trinkt man einfach einen ordentlichen Schluck aus der Mate-Flasche ab und füllt den Rest mit Wodka auf. Vorsicht: Aufgrund des hohen Koffeingehaltes des Mate gilt für Matoka dasselbe wie für Wodka-Red-Bull: Mit der Menge nicht übertreiben, zwischendurch auch mal Wasser trinken und besser nicht mit Amphetaminen kombinieren. Dann steht einer langen durchtanzten Nacht nichts mehr im Wege.

Seoul-Mate und FNord-Korea

Seoul-Mate besteht aus Weißwein und Club-Mate im Verhältnis 1:1. Entropia empfiehlt einen nicht zu trockenen Weißwein. Für einen Fnord-Korea werden drei Teile Mate mit einem Teil Rotwein gemischt.

42 und Matematik 42

Der in Spanien Cuarenta y Tres genannte Likör enthält 43 Zutaten und ergibt zusammen mit Club-Mate und Crushed Ice einen leckeren Drink.

```
2 cl 43 in ein Glas geben;
eine Handvoll Crushed Ice hinzufügen;
mit Club-Mate auffüllen
```

Drei Fragen an Neingeist von Entropia

Neingeist ist aktiv im Karlsruher Hackerspace *Entropia*. Er wirkt dort als eine der treibenden Kräfte, wenn es um neue Hackerbrausenkreationen geht. Da sein Magen schon die Bekanntschaft mit Mischungen gemacht hat, die wir uns selbst kaum ausdenken können, gilt er als Experte im Bereich der Hackerbrausen-Cocktail-Kultur.

1. Gibt es Neues aus dem Entropia Versuchslabor?

In letzter Zeit ist es ruhig im Labor. Nach dem ein oder anderen kulinarischen Fehlschlag werden wir es weiter mit leckeren Cocktailrezepten versuchen und – inspiriert durch die Entwicklungen der neuesten Cocktailtrends – den ein oder anderen Versuch mit Gurken, scharfen Zungenschmeichlern oder der Molekularküche starten.

2. Welches eurer Rezepte findest du persönlich am tollsten und was war der größte FAIL?

Ich bin eher »old fashioned« und bevorzuge den Klassiker: den allgegenwärtigen Tschunk. Was sich zunächst ähnlich interessant anhörte wie »Sex On The Beach«, war am Ende dann doch eher ein enttäuschender Fehlschlag: das Club-Mate-Sorbet wollte nicht gelingen und selbst Thymian hat nicht geholfen.

3. Hackerbrause ist für dich ...

Hackerbrause ist viel zu wenig divers! Also mal sehen, was die Großlieferung eines Herstellers einer alternativen Hackerbrause aus Hamburg bei Entropia für neue Horizonte öffnen wird!

Ob sich bei übermäßigem Genuss die Antwort auf die Frage nach dem Leben, dem Universum und dem ganzen Rest offenbart, muss jeder selbst ergründen. Das gilt auch für den Matematik 42.

```
Ein Glas mit Eiswürfen bestücken;
hinzugeben {20 ml Chamomile Liqueur, 42 ml 42BELOW, 20 ml Fresh
Lime Juice};
mit Club-Mate auffüllen
```

Matler und Köma

Natürlich lässt sich auch Alster respektive Radler mit Club-Mate abwandeln. Die Mate sollte möglichst langsam in das Bier gegossen werden, sonst ist mit übermäßiger Schaumbildung zu rechnen. Nimmt man statt Pils Kölsch und füllt das Ganze in ein typisches Kölschglas, entsteht Köma. Diese Erfindung geht – wie könnte es anders sein – auf den Hackerspace C4 in Köln zurück.

Leckere Mixturen ohne Alkohol

In der Entropia-Experimentierküche sind auch eine Reihe alkoholfreier Spezialitäten entstanden. Schlicht, aber mit etwas Eis eine erfrischende Angelegenheit ist zum Beispiel der Mapfelsaft, der je nach Geschmack bis zur Hälfte aus Apfelsaft besteht.

Mischt man drei Teile Mate mit einem Teil Cranberry-Nektar, entsteht Cremate. Auch hier empfiehlt es sich, etwas Eis mit ins Glas zu geben.

Etwas edler kommt der Mate Royal daher (auch Mate-Cassis genannt). Ein naheliegendes Rezept, denn Mate ist ein mindestens so edles Getränk wie der Champagner, der üblicherweise für Kir Royal verwendet wird. In einem traditionellen Kelchglas werden einige Teile Mate mit einem Teil Cassis vermischt.

WARNUNG

Club-Mate mit Coca-Cola zu mischen, lohnt sich nicht. Die Aromen heben sich auf eine skurrile Art gegenseitig auf, das Ergebnis schmeckt wie abgestandene Kindercola. Leave the Mate alone!

Omnomnom: Schmackhaftes aus Mate

Die Idee, andere alkoholhaltige und alkoholfreie Getränke mit Mate-Brause zu mischen, liegt nahe. Aber funktioniert das auch jenseits der Kategorie Getränk? Der Mate-Kuchen ist ein naheliegender Klassiker, den wir eigentlich schon vom Kindergeburtstag kennen. Bei anderen Gerichten wird es experimenteller ...

Maffeln

Lecker zum sonntäglichen Frühstück nach einer durchhackten Nacht sind zum Beispiel Maffeln. Man nehme:

```
125 g Butter
1 EL Zucker
4 Eier
250 g Mehl
1 TL Backpulver
¼ l Mate
1 Prise Salz
½ Stück abgeriebene Zitronenschale von einer unbehandelten
Zitrone
```

In einer Rührschüssel wird zuerst die weiche Butter mit dem Handrührgerät verrührt und dann mit dem Zucker und den Eiern (einzeln hinzufügen) schaumig geschlagen. Dann kommen Mehl, Backpulver und Salz dazu. Zum Schluss kommen die Mate und etwas abgeriebene Zitronenschale dazu. Auf einem leicht gefetteten Waffeleisen werden die Waffeln dann fertig gebacken. Man nimmt etwa eine Suppenkelle Teig pro Waffel.

Club-Mate Chili

Dieses Chili ist ein Rezept der amerikanischen Club-Mate-Fans. Man benötigt

```
500 g getrocknete Bohnen oder 3 Dosen à 500 g (es eignen sich
schwarze Bohnen oder Kidney-Bohnen)
3 EL Pflanzenöl
2 gehackte Zwiebeln
3 fein geschnittene Knoblauchzehen
2 Dosen Tomaten mit Flüssigkeit
1 0,5-l-Flasche Club-Mate
3 EL Chilipulver (je nach Geschmack)
1 Zimtstange (ca. 7 cm lang)
```

TIPP

Wenn getrocknete Bohnen verwendet werden, müssen sie zunächst nach Packungsangabe zubereitet werden. Das kann ziemlich lange dauern. Wenn es schnell gehen soll, sind Bohnen aus der Dose die bessere Wahl. Die Flüssigkeit in den Dosen wegschütten.

Das Öl wird zunächst in einem großen Topf erhitzt. Dann die Zwiebeln und den Knoblauch bei mittlerer Hitze darin für ca. 5 Minuten anschwitzen. Die Zwiebeln sollten weich sein und nicht verbrennen. Dann können auch schon die Tomaten, die Club-Mate, die Zimtstange und die Bohnen dazugegeben werden. Wenn die Bohnen und Tomaten von der Flüssigkeit noch nicht ganz bedeckt sind, kann etwas Wasser dazugegeben werden. Einmal aufkochen und dann bei niedriger Hitze und geschlossenem Deckel köcheln lassen. Wenn mit getrockneten Bohnen gekocht wird, nach ca. 30 Minuten mit Salz und Pfeffer abschmecken. Bei den Bohnen aus der Dose direkt würzen.

Das Chili ist fertig, wenn die Bohnen gut schmecken. Bei getrockneten Bohnen kann das bis zu 75 Minuten länger dauern. Zum Chili sollte etwas Brot gereicht werden. Original-Rezept von *http://club-mate.us/recipes.html*.

Feldsalat mit Mate-Dressing

Um das Menü perfekt zu machen, eignet sich Salat als Beilage. Mitglieder des Wiener Hackerspaces Metalab kreierten das Mate-Dressing zum Feldsalat – oder Vogerlsalat, wie er in Österreich heißt. Über eine Schüssel Feldsalat wird eine halbe Limette gepresst. Anschließend wird das schöne Grün mit einer halben Flasche Club-Mate beträufelt. Tja, nun hat man den Salat.

Club-Mate-Sorbet

Für die Herstellung eines Club-Mate-Sorbets benötigt man eine Eismaschine und 2 Liter Club-Mate. Diese wird zunächst durch Kochen auf ca. ein Viertel ihres Volumens reduziert. Das so gewonnene Club-Mate-Konzentrat muss dann auf Kühlschranktemperatur abkühlen, bevor es in die Eismaschine kommt. Bei Entropia wurde das Sorbet versuchsweise mit Thymian gewürzt. Alternativ dazu kann man auch Rosmarin, Safran oder Chili verwenden. Und auch Turbo-Mate mit Sekt lässt sich zu Sorbet verarbeiten. Ganz ausgereift ist dieses Rezept jedoch noch nicht. Experimentiert ruhig mit den Zutaten und Mengenangaben. Vielleicht gelingt euch ja das, woran Entropia gescheitert ist: das perfekte Hackersorbet.

This Cake is not a lie: Club-Mate-Kuchen

Der beliebte und von Kindergeburtstagen bekannte Fanta-Kuchen lässt sich natürlich auch mit Club-Mate zubereiten. Der Kuchen ist für Backeinsteiger gut geeignet. Für Mitautor johl war es der erste, den er in seinem Leben überhaupt gebacken hat. Und so wird's gemacht:

Man nehme:

```
4 Eier
2 Tassen Zucker
3 Tassen Mehl
1 Tasse Öl
1 Tasse Club-Mate (oder nach Belieben
  eine andere Hackerbrause)
1 Päckchen Backpulver
1 Päckchen Vanillezucker
```

Man kann alle Zutaten kunterbunt durcheinander in die Rührschüssel geben und mit einem Handrührgerät verquirlen. Wenn ihr den Zucker auf 1½ Tassen reduziert, schmeckt es übrigens immer noch klasse. Das Ganze ergibt einen zähflüssigen Teig, der dann in eine gefettete Backform kommt – falls man keine Silikonform hat, die nicht gefettet werden muss. Am besten nimmt man einen Gugelhupf. Den Kuchen bei ca. 180 °C 45 Minuten backen. Nach dem Auskühlen kann der Club-Mate-Kuchen noch mit Kuvertüre verziert werden.

Dieser Kuchen ist keine Lüge, sondern schön saftig.

TIPP

Ob der Kuchen gar ist, könnt ihr prüfen, indem ihr einen langen Holzspieß oder ein Essstäbchen, zur Not geht auch ein Messer, in den im Backofen stehenden Kuchen steckt. Bleibt Teig dran kleben, verträgt der Kuchen noch ein paar Minuten Backzeit mehr.

DIY Mate-Brause selber machen

Im DIY-Brausebusiness ist das Brauen von Brause selbst vielleicht die Königsdisziplin. Das selbstständige Anwerfen des *make(1)*-Prozesses (oder, je nach Geschmack, das Ausführen des *Ant/Maven-* oder *rake*-Skriptes) für die Hackerbrause macht den vollständigen Hack erst aus. Darüber hinaus ist das Brauen daheim eine sinnvolle Überlebensstrategie, wenn es einen in Weltregionen verschlagen hat, in denen die Brause der Wahl nicht so einfach zu bekommen ist. In den USA etwa kostet die ökologisch fragwürdig importierte Flasche Club-Mate bis zu stolzen zehn Dollar.

Dave Toews aus Minneapolis sah die Herstellung einer Brause auf Yerba-Mate-Basis als zu meisternde Hack-Herausforderung an. Seine »Dave-Mate« wird mit frischen Teeblättern gebraut und schmeckt daher eher nach Tee als die deutsche Brause.

Dave-Mate

(ergibt etwa 1 Liter)

```
1 l Wasser
50 ml (3 ½ EL oder 20 g) Teeblätter Yerba Mate
15 ml Agavensirup
15 ml Zuckerlösung
1,25 g (¼ TL) Melasse (alternativ Zuckerrübensirup)
1,25 g (¼ TL) Guarana-Pulver (aus dem Reformhaus)
0,6125 g (1/8 TL) Zitronensäure
ein Tröpfchen Orangenbitter
```

Zubereitung:

```
Wasser auf etwa 75 °C erhitzen und darin die Yerba-Mate etwa 5
Minuten ziehen lassen.
Den Sud in einen anderen Behälter abseihen. Mehrfach filtern,
bis der Mate-Tee keine Rückstände mehr enthält.
Die Süßungsmittel, Zitronensäure, Orangenbitter und das
Guarana-Pulver hinzufügen. Für die Zukkerlösung einen Teil
Zucker in einem Teil heißem Wasser auflösen. Das Guarana dient
als konzentriertes Koffein.
Gut umrühren und dann mit Kohlensäure versetzen. Mit einem
handelsüblichen Trinkwassersprudler kann man nach dem Abkühlen
die Mischung zum Sprudeln bringen.
```

Open Cola

Wie könnte ein Buch über Hackerbrause passender enden als mit einer Cola, bei der Reverse Engineering, DIY und freies Wissen zusammenkommen? Open Cola ist das Linux unter den Colas. Sie steht unter GPL (General Public Licence), liegt mittlerweile in Version 1.1.3 vor und ist gut dokumentiert. Version 1.0 von Open Cola wurde Anfang 2001 veröffentlicht, zunächst mit der Idee, die Prinzipien von freier Software anhand der Cola zu erklären und für den Open-Source-Gedanken zu werben. Die Idee lag nahe, denn schon 1999 gründeten Grad Conn, der heute bekannte Science-Fiction-Autor Cory Doctorow und John Henson in Toronto die Firma Opencola. Ihr Produkt war eine »**c**ollaboration **o**bject **l**ookup **a**rchitecture«-Software, also kurz: Cola.

Open Cola im großen Stil in Dosen herzustellen, ist extrem kompliziert. Einfach zu handeln ist dagegen das Rezept für experimentierfreudige Homebrewer, das von Amanda Foubister entwickelt wurde und auf verschiedenen Websites wie *http://www.wikihow.com/Make-OpenCola* dokumentiert ist.

Als Grundlage für die Formula 7X dient das von Pendergast recherchierte Original-Rezept von Coca-Cola (Kapitel 4).

```
The Formula 7x (Top SeekrutTM) flavouring formula
3,5 ml Orangenöl
1,00 ml Zitronenöl
1,00 ml Muskatöl
1,25 ml Kassiaöl
```

```
0,25 ml Korianderöl
0,25 ml Neroliöl
2,75 ml Limettenöl
0,25 ml Lavendelöl
10,0 g Gummi Arabicum (für Lebensmittel geeignet)
3,00 ml Wasser

Die Öle mischen, Gummi Arabicum hinzufügen und mit einem Löffel
umrühren. Wasser dazugeben und mit einem elektrischen Rührgerät
(Mixer oder Blender) für 4-5 Minuten mixen. Die Formel kann in
einem abgedichteten Glasbehälter im Kühlschrank oder bei
Raumtemperatur aufbewahrt werden, wird sich dann aber trennen.
Das Gummi Arabicum ist unbedingt notwendig, weil Öl und Wasser
gemischt werden.

Open Cola Sirup
2,0 TL 7X
3,50 TL 75% Phosphor- oder Zitronensäure
2,28 l Wasser
2,36 kg weißer Zucker
0,50 TL Koffein (optional)
30,0 ml Karamellfarbe

In einem entsprechend großen Gefäß (mind. 4 l Fassungsvermögen)
werden 5 ml der 7X-Mischung mit der Säure vermengt. Als
nächstes kommen das Wasser und der Zucker dazu. Mixen und
währenddessen Koffein hinzufügen. Das Koffein muss sich
vollständig auflösen. Zum Schluss kommt die Karamellfarbe dazu.
Gut mischen!

1 Teil Sirup mit 5 Teilen kohlensäurehaltigem Wasser mischen.
Fertig ist die Cola.
```

So weit, so gut. Die Schwierigkeit bei Open Cola besteht allerdings darin, die Zutaten zu besorgen, denn Öle, Gummi Arabicum und Phosphorsäure gibt es bekanntlich nicht im Discounter um die Ecke. Die Öle können über Apotheken und verschiedene Onlineshops bezogen werden. Man sollte sich aber erkundigen, ob sie für die Einnahme geeignet sind und für Lebensmittel verwendet werden können. Dies gilt besonders auch für das Gummi Arabicum. Das Bindemittel wird auch im Künstlerbedarf verkauft, eignet sich dann aber nicht!

WARNUNG

Beim Verarbeiten der Öle und der Säure sollte man Handschuhe tragen. Säure ätzt bekanntlich, Öle können zu Hautirritationen führen. Die Säure und das Koffein sollten gut verschlossen, weggesperrt und gekennzeichnet werden, damit sich andere nicht wehtun. Besser noch: Gar nicht zu Hause aufbewahren.

Zitronensäure gibt es in der Apotheke. Dort könnt ihr auch das Koffein beziehen: Eine Koffeintablette tut den Trick. Aber achtet auf die Dosierung und übertreibt es nicht. Karamellfarbe gibt es in gut sortierten Supermärkten. Wer lieber zu Hause bleibt: Der Onlinehändler Amazon hat bekanntlich auch Lebensmittel im Angebot. Die meisten Zutaten für Open Cola sind dort erhältlich. Damit steht dem Homebrew-Experiment nichts mehr im Wege.

Index

V

W

Y

Z